창의폭발 엄마표

실험왕

과학놀이

2

빛과 소리

창의폭발 **엄마표 실험왕 과학놀이** 2 빛과 소리

초판 1쇄   발행일   2014년 5월 20일
개정판 1쇄   발행일   2021년 1월 10일

지은이   이조옥, 이진선
펴낸이   유성권

편집장   양선우
책임편집   백주영   편집   신혜진 윤경선
해외저작권   정지현   홍보   최예름 정가량
표지디자인   All Contents Group   본문디자인   손혜정 박정실
마케팅   김선우 김민석 최성환 박혜민 김민지
제작   장재균   물류   김성훈 고창규

펴낸곳   ㈜이퍼블릭
출판등록   1970년 7월 28일, 제1-170호
주소   서울시 양천구 목동서로 211 범문빌딩 (07995)
대표전화   02-2653-5131 | 팩스 02-2653-2455
메일   loginbook@epublic.co.kr
홈페이지   www.loginbook.com
포스트   post.naver.com/epubliclogin

로그인 은 ㈜이퍼블릭의 어학 · 자녀교육 · 실용 브랜드입니다.

국내 최고 영재교육기관 CBS영재교육학술원 커리큘럼 대공개!

창의폭발 엄마표 실험왕 과학놀이

이조옥, 이진선 지음

2

빛과 소리

로그인

'세상의 모든 아이들이 그들의 특성과 소망, 욕구에 맞게 교육받아야 한다'는 신념을 갖고 있습니다. 제가 '영재'라는 집단에 대해 관심을 갖는 것도 그들이 갖는 특수성 때문입니다. 장애우들이 도움과 지원이 필요한 것처럼, 영재아들도 적절한 도움과 지원이 필요합니다.

서는 영재교육에 종사하기 전, 오랜 기간 일선 중고등학교에서 과학교사로 근무하였습니다. 이때 제가 느꼈던 점은 아이들이 '스스로 예측해 본 후 주도적으로 하는 실험'에 굉장히 열정을 보인다는 것입니다. 또한 과학 시험 점수를 잘 받기 위한 암기식 과학 교육이 아이들의 과학에 대한 열정을 해치고 있는 현실이 매우 안타까웠습니다.

사실 영재원 수업이라고 해서 아주 특별한 커리큘럼을 갖춘 것은 아닙니다. 다만 영재원에서는 '실패와 실수'를 허용하고, 그것을 '재실험의 기회로 활용'하게 합니다. 발문과 대화, 예측해 보기, 허용하기, 스스로 해 보기 등이 바로 그것입니다. 이 방법들은 어떤 과학 실험에서도 매우 유용합니다. 하지만 대다수의 어린이들은 '실패와 실수'가 허용되는 교육을 받고 있지 못한 것이 우리의 현실입니다.

이 책은 '우리 영재원에서 하는 상담과 수업 방법이 우리나라의 많은 어린이 친구들에게도 적용이 된다면 정말 좋겠다'라는 생각에서 출발하여, 저희의 경험과 철학을 나누어 드리고자 CBS영재교육학술원의 유아과학 프로그램 중 일부를 담아 본 것입니다. 쉽고 재미있게 접근할 수 있는 실험들로 구성하되, 본 영재원이 지니고 있는 철학과 수업 방법을 가능한 한 그대로 지면에 반영해 보려 노력하였습니다.

부디 이 책으로 아이와 함께 놀면서 '과학으로 행복한 경험'을 주는 것에 목표를 두고 하나씩 천천히 즐기며 해 보시기 바랍니다. 조물조물 어린 손으로 물을 휘젓고, 초롱초롱 호기심 어린 눈으로 세상을 두리번거리는 아이와 엄마들에게 이 책이 작은 도움이 되길 소망합니다.

이조옥 (CBS영재교육학술원장, CPS영재교육연구소장)

18년 간 교육 현장에서 다양한 아이들을 만나오면서 가장 크게 느낀 것은, 과학을 하는 데 있어 가장 중요한 것은 '궁금증'이라는 점입니다. 아무리 좋은 프로그램과 좋은 선생님이 있더라도, 궁금한 것이 없는 아이에게 뭔가를 가르친다는 것은 어려운 일입니다. 그래서 저는 오랫동안 '어떻게 하면 아이들이 궁금증을 갖고, 또 그 궁금증을 스스로 해소할 수 있는 방법을 찾게 할 수 있을까?'를 고민해 왔습니다.

그런데 결혼 후 두 아이를 낳고 선생님이 아닌 엄마의 입장이 되어 깨닫게 된 것은, 아이들은 눈에 보이는 많은 것들을 '이미' 궁금해하고 있다는 사실이었습니다. 그리고 엄마가, 혹은 선생님이 해 줘야 할 일은 다만 아이들의 타고난 호기심에 호응해 주는 것이었습니다.

큰아이가 말을 시작하는 두세 살 무렵에는 아이와 함께 산책을 많이 하였습니다. 산책을 하면서 보이는 나무와 꽃, 작은 곤충 등을 채집하여 자세히 들여다보았지요. 어느 봄날 산책하다가 꽃눈을 발견한 아이가 "나무에 뿔이 났네."라고 말하더군요. 그래서 저는 아이와 꽃눈을 하나 따서 그 안에 무엇이 들어 있는지 관찰해 보았습니다. 또 우연히 화단에서 공벌레를 발견한 날은 공벌레의 발가락 수를 세어 보고 공벌레의 움직임도 몸으로 직접 따라해 보고, 집에 돌아와 공벌레에 대한 책을 찾아보기도 했습니다.

엄마가 설명을 다 해 줘야 한다는 부담감은 갖지 않으셔도 됩니다. 저의 경우도 아이가 궁금해하는 것을 간단히 설명해 주기도 하지만, 아이가 커감에 따라 책이나 인터넷 등을 통해 자신의 궁금증을 스스로 해소해 보도록 안내하고 있습니다. 그저 아이와 같이 걷다가 무심한 듯 "이게 뭘까? 왜 이렇게 생겼지?"라고 슬쩍 물어봐 주세요. 엄마의 작은 질문 하나가 아이를 여러 가지 현상들에 관심을 갖고 궁금해 할 수 있도록 이끌어 줍니다. 과학은 어렵고 힘든 교과 과목이 아니라 우리 생활의 모든 것을 관찰하고 탐구하는 것이라는 사실을 엄마와 아이들이 알았으면 하는 바람입니다. 이 책을 같이 만들어 준 성빈이와 송희에게 큰 사랑과 고마움을 전합니다.

이진선 (CBS영재교육학술원 과학교사)

과학선생님들의 추천평

아이들은 말보다는 손이 앞선다고 합니다. 많은 것을 만져 보고 손의 감촉을 잘 발달시킨 아이들이 영리하다고도 합니다. 부모가 아이들과 함께 무엇을 한다는 것은 '같이 무엇을 만져 보고 같은 생각을 만들어가는 과정'일 수 있습니다.

이 책은 '엄마표 실험왕 과학놀이'라는 제목처럼 놀이를 통하여 과학적 사고와 탐구 능력을 키울 수 있는 80여 가지 다양한 과학놀이들을 소개하고 있습니다. 특히 우리 주변에서 쉽게 찾을 수 있는 재료들과 경험을 활용하는 놀이들로 과학 능력을 키울 수 있도록 구성되어 있다는 점이 인상적입니다. 가령 처음 소개되는 '무게 버티기'는 종이컵의 개수를 늘려가며 몸무게를 버틸 수 있는 결과를 알아내는 과정으로, 비교적 간단한 활동이지만 '기록'과 '유추' 능력을 키울 수 있는 좋은 예입니다.

저자들은 영재교육 활동과 유아교육 활동을 통하여 축적된 과학활동 자료 중에서도 아동들이 가장 흥미를 느끼고, 또한 아동들의 탐구 능력을 잘 키워 줄 수 있었던 실제 교육을 엄선해 수록하였습니다. 또한 실제 아이들의 활동 모습을 사진으로 같이 소개하여 친밀감을 높여 주고, 종이컵, 빨대, 요구르트 통, 풍선 등 주변에서 쉽게 접하고 구할 수 있는 재료들로 구성하여 일반 가정에서 아이들과 쉽게 즐길 수 있도록 하고 있습니다. 한눈에 활동 과정을 볼 수 있는 편집 또한 이 책의 활용도를 높여 줄 수 있을 것이라 봅니다.

과학 탐구의 연역적 가설 설정이나 탐구 결과의 논리적 분석 능력은 어렸을 때부터 꾸준한 흥미를 가지는 놀이 활동으로부터 얻어질 수 있습니다. 이 책과 함께하는 부모와 아이의 즐거운 시간이 장차 아이의 꿈과 미래를 키워 주는 좋은 밑거름이 되어 줄 것이라 믿습니다.

– 곽성일 (서울대학교 교육학 박사, 영등포고등학교 물리교사)

제 과학 수업의 첫 시간은 "항상 과학이란 무엇인가요? 어떻게 하는 것이 과학적인 것인가요?"에 대한 물음에서 출발합니다. 어려운 질문인가요? 과학이란 먼 연구실에서 특정한 사람들만이 하는 것이 절대 아닙니다. 우리 주변의 모든 일들이 과학의 다양한 개념들과 거미줄처럼 연결되어 있다는 것만 학생들의 머릿속에 자리잡게 되면, 저와의 과학 수업은 아무런 어려움이 없게 됩니다.

모든 사람이 과학을 좋아해야 할 필요는 없습니다. 또한 모든 어린이의 꿈이 과학자일 필요는 더더욱 없습니다. 하지만 일생을 살아가면서 과학적으로 생각하고, 과학을 내 생활과 밀접하게 받아들인다면 우리 삶이 더욱 풍부하고 깊이 있어질 것은 분명합니다. 자연과 사물에 대한 깊은 관심과 관찰은 과학적인 소양을 기르는 첫걸음이 됩니다. 그리고 그것은 어쩌면 어려서부터의 습관에서 비롯된 것일 수도 있습니다. 이런 저의 생각에 동의하는 부모님들께 이 책을 권해 드립니다.

학교에서만, 특정 기관에서만 과학 교육을 할 수 있는 것은 절대 아닙니다. 손쉽게 집에서도 엄마, 아빠와 함께 놀이처럼 과학을 접할 기회를 제공해 줄 수 있습니다. 그리고 이 책이 그런 기회를 만드는 데 조그마한 도움을 줄 것으로 기대합니다.

미국의 과학관 및 자연사박물관을 몇 차례 방문한 경험이 있습니다. 이때 가장 부러웠던 것은 웅장한 전시물과 멋지게 구성된 건축물 등이 아니었습니다. 아빠가 아이를 목마 태우고 전시에 대한 설명을 친절하게 해 주는 모습, 나이 드신 할머니 할아버지가 손을 꼭 잡고 판 구조론에 대한 설명을 열심히 읽어 보고 계시는 모습, 많은 자원봉사자들이 과학관 구석구석을 다니며 웃으며 봉사하는 모습 등이었습니다. 우리나라에서 아직은 생소한 이런 모습들을 머지않아 손쉽게 보게 되기를 간절히 기대합니다. 그리고 머지 않은 미래에 우리나라에서 노벨상 수상자가 연속 3회 배출되는 쾌거가 이루어지는 모습을 이 글을 쓰는 지금 행복하게 꿈꿔 봅니다.

- 김경화 (이화여자대학교 이학 박사, 신서중학교 과학교사)

이 책을 먼저 접한
엄마들의 추천평

호기심이 부쩍 늘어가는 아이에게 과학을 재미있게 접하게 해 주고 싶지만 어쩐지 다가가기엔 부담스럽고 낯설었던 과학이 이 책으로 한결 친근해지는 느낌입니다. 또래 친구들의 실험 사진이 있어 과학을 낯설어하는 친구라도 할 수 있다는 자신감을 가질 수 있을 것 같습니다. 또한 엄마들에겐 자세한 설명과 과학 팁이 있다는 것도 이 책의 매력이 아닐까 생각합니다.

– 배주하 (5세 김채은 엄마)

결이는 네 살부터 다닌 CBS프로그램을 아주 좋아합니다. 그 중에서도 과학은 가장 좋아하는 과목인데요, 수업 시간에 한 실험을 집에서 다시 해 볼 수 없어 아쉬웠는데 이 책으로 따라하면 집에서도 쉽게 해 볼 수 있을 것 같습니다. 최근에 한 수업이 비가 와도 젖지 않는 종이 우산이었는데, 이 책에 물에 젖지 않는 종이배 실험이 있어서 집에서 꼭 다시 한 번 해 봐야겠어요.

– 강경희 (6세 배결 엄마)

'과학' 하면 무언가 잘 갖춰진 실험기구가 있어야만 할 것 같았는데, 아이와 함께 있는 공간에서 일상적으로 사용하는 소모품들을 이용하여 할 수 있는 새로운 놀이를 알려 주어 깜짝 놀랐습니다. 아이를 양육하는 과정에서 부모의 몫은 결과가 아니라 과정이 아닐까요? 단순한 생활 속 실험놀이를 통해 아이에게 과학의 흥미를 자극할 수 있을 것 같아 무척 기대됩니다.

– 박주희 (7세 김민서 엄마)

책을 보며 가장 많이 든 생각은 저희 때도 학교에서 이렇게 과학을 배웠다면 얼마나 재미있었을까 하는 거예요. 아이는 물론, 엄마인 저로서도 실험을 하나씩 해 보면서 새삼스레 이해가 되는 부분이 많습니다. 책을 본 뒤로는 아이들이 먹고 버리는 요구르트 병을 보고도 '저걸로 무얼 해 볼까?' 하는 생각이 먼저 드네요. 아파트 단지 꽃밭이랑 근처 텃밭도 부지런히 다녀 보려고 합니다. 유아부터 초등학교까지 어린 아이를 둔 부모님들께 추천드리고 싶습니다.

– **장은미** (7세 이도현 엄마)

다른 책들에서는 볼 수 없었던 흥미로운 실험들이 많은데, 실험 재료 또한 일상생활에서 흔히 구할 수 있는 것들이라 정말 좋습니다. 이해가 잘 안 될 만한 부분엔 꼭 팁이 있어서 아이 혼자서도 충분히 할 수 있겠다 싶습니다. 오늘 아이가 집에 오면 '무게 버티기 놀이'를 해 볼까, '물을 빨아들이는 컵'을 해 볼까, 아니면 '막춤 추는 설탕'을 해 볼까 즐거운 고민을 하고 있습니다. 책을 보면 당장 이것저것 다 해 보고 싶어 안달할 딸의 모습이 눈에 선하네요.

– **박인순** (초2 김재희 엄마)

현준이는 CBS 과학 수업을 참 좋아하는데요, 무슨 수업을 어떻게 하길래 그렇게 좋아할까 늘 궁금했었어요. 이 책을 보니 아이가 왜 그렇게 과학수업에 열광하는지 알 수 있었습니다. 세상의 모든 공부를 놀이처럼 즐길 수 있다면 얼마나 좋을까요? 2년이 넘게 다니는 학술원 수업이 아이에겐 그저 놀이였기에 즐거웠던 것처럼, 커가면서 하는 모든 공부를 그렇게 놀이처럼 해 주기를 기대해 봅니다. 그리고 아이의 즐거움보다 지식에 대한 엄마의 욕심이 앞서지 않기를 저 자신에게 다짐해 봅니다.

– **이혜선** (초1 손현준 엄마)

아이가 CBS영재원 과학수업을 정말 좋아하는데, 수업이 일주일에 한 번이다 보니 아이가 많이 아쉬워했어요. 그런데 이렇게 책이 나와 CBS에서 했던 실험들을 집에서도 다시 해 볼 수 있다니 무척 반갑습니다. 이 책의 과학 실험은 재미만 있는 것이 아니고, 간단한 실험과 놀이로 과학 원리를 알 수 있게 해 주니 너무 좋은 것 같아요. 소중한 우리 아이들에게 컴퓨터나 핸드폰 게임 대신 과학놀이를 권해 주세요.

– **김영선** (초2 최아라 엄마)

'과학 = 엄마와의 행복한 추억'이 되게 해 주세요

행복한 아이의 창의력과 호기심은 무한대입니다

● **유아기는 과학이 흥미롭고 재미있는 정도면 충분합니다**

아이에게 과학을 접하게 해 주고 싶은데, 부모님이 과학 용어나 원리를 잘 몰라 걱정이 되시나요? 걱정하지 마세요. 유아기는 과학이 흥미롭고 재미있는 정도면 충분합니다. 지금 원리를 정확히 몰라서 과학자로 자랄 아이가 과학자가 못 된다거나, 학교에서 과학 점수가 엉망이 되거나 하지는 않습니다. "엄마한 번 더 해 볼래요", "이건 왜 이럴까?"라는 말이 아이 입에서 나오면 성공한 실험입니다.

● **과학이 우리 주변 곳곳에 숨어 있다는 것을 알려 주세요**

과학은 실험실이나 전문 학원에 가서 배우는 특별한 것이 아니라는 것을 아이가 알게 해 주세요. 우리 거실, 화장실, 부엌, 동네 화단, 바닷가 등 우리 주변 곳곳에 과학의 소재와 주제는 넘쳐납니다. 냉장고 문의 자석, 열리지 않는 도시락 뚜껑, 손을 놓으면 날아가는 풍선, 놀이터의 그네와 시소 등 주변 사물들을 관찰할 기회를 주세요. 사물들을 잘 관찰하고, 어떻게 변화하는지 관심을 기울이고, 왜 그럴까를 알고 싶어 하는 것이 바로 과학입니다.

● **아이 '스스로 생각'해 보도록 연습시켜 주세요**

아무리 시시한 실험도 흥미진진하게 할 수 있는 특급비밀을 소개해 드릴게요. 아이와 실험을 할 때는 실험 전에 꼭 '어떤 일이 일어날지' 예측해 보도록 해 주세요. 예측은 실험의 흥미를 더하는 마법의 단계입니다. 가령 어떤 물체를 물에 띄우기 전에 "이건 물에 뜰까? 가라앉을까?" 하고 물어보면 뜰지, 가라앉을지 결과가 궁금해지잖아요. 어떻게 될지 미리 예측해 보고 실제로 실험을 하면, 아이들은 정말 자기 말대로 되는지 알아보려고 정신을 바짝 차리고 집중해서 실험하고 관찰한답니다.

오늘은 아이랑 뭐하고 놀지?

하루 15분! 꼬마 과학자의 창의력이 자라는 시간!

★ 할 때마다 난리 나는 신나는 80가지 과학실험!

호기심 많고 질문 많은 우리 아이, 하루 15분 과학으로 놀아 주세요. '과학' 하면 어렵고 복잡한 과목같 다고요? 화산 폭발, 물을 빨아들이는 컵, 귤껍질 불꽃쇼 등 실험을 통한 과학의 세계는 아이들에게 흥 미진진한 마술의 세계입니다. 진지한 눈빛으로 실험에 빠지고, 실험 결과에 신나서 환호하는 아이들의 모습에서 미래의 과학자를 발견할 수 있습니다. 신나는 80가지 엄마표 과학놀이로 과학 좋아하는 아이 로 키우세요.

★ '실험'과 체험'을 통해 원리를 깨우친 과학은 평생 간다!

과학전집과 과학만화를 통해 과학적 지식이 많은 아이들이 늘어나고 있습니다. 하지만 원리 이해 없이 단순히 보고 들은 과학 지식은 금새 까먹기 쉽고, 정작 중요한 과학적 개념들은 제대로 익히지 못했거 나 잘못 이해하고 있는 경우도 많습니다. 실험과 체험을 통해 과학을 접하면 원리 이해가 빠르고 응용 력도 높아집니다. 초등 입학 전 마음껏 만져 보고, 실험해 보며 과학으로 놀게 해 주세요. 초등 입학 전 과학 준비는 '과학놀이'가 답입니다!

★ 국내 최고의 영재교육기관 CBS영재교육학술원 커리큘럼 대공개!

대한민국 최고의 영재들이 받는 CBS영재교육학술원의 교육 프로그램을 통해 꼬마 과학자의 창의력을 키워 주세요. CBS영재교육학술원의 프로그램은 일부 기관들에서 시행하고 있는 단순한 선행학습이 아 니라, 아이들이 생활 속에서 가지는 호기심을 끊임없이 자극해 창의적인 사고를 통해 문제를 해결해 나 갈 수 있도록 해 주는 프로그램입니다.

Contents

Part 1 눈은 크게, 귀는 쫑긋 오감자극 과학놀이

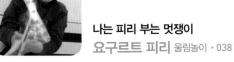

Part 2

눈에 보이지 않는 과학 **공기가 과학이래요**

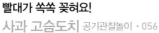

눈은 크게, 귀는 쫑긋

오감자극 과학놀이

우리 주변에는 빛, 소리, 진동들이 가득해요.

그리고 우리 몸은 이러한 자극들을 받아들이느라 하루 종일 바쁘답니다.

오늘은 작은 소리에 귀를 쫑긋, 해님이 만든 그림자와

무지개를 따라 눈을 반짝 빛내며 주변의 현상들에

집중해 보아요. 우리 몸이 정말 바쁘게 하루를

보내고 있다는 것을 알 수 있답니다.

큰 소리 작은 소리 가늘가늘 실놀이

아이가 너무 들뜨거나 흥분했을 때는 엄마가 큰 소리로 말려도 별 효과가 없죠? 이럴 때 실 한 가닥이면 마법같이 아이들을 차분하게 만들 수 있답니다. 바느질하다가 남은 실이나 옷에서 나온 실밥을 이용해도 좋아요.

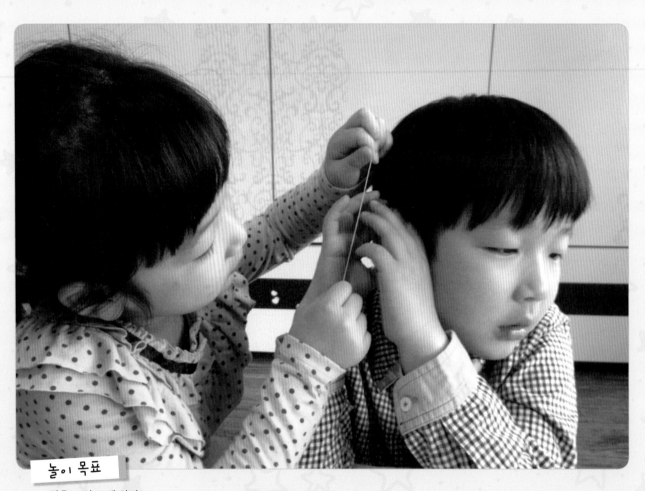

놀이 목표

- 작은 소리 크게 하기
- 소리가 생기는 원리

교과 연계

- 탐구, 어떻게 할까요?

준비물

- 실, 종이컵, 이쑤시개, 셀로판테이프

이 놀이는요~

이 실험은 '소리가 확대되는 원리'를 알아보는 활동입니다. 아주 작은 소리를 들을 때는 귀에 손을 동그랗게 대고 소리가 새어나가지 않게 하거나 종이컵으로 소리를 모으면 크게 들리게 됩니다. 또한 소리를 전달하는 물질의 종류를 다르게 하면 소리의 크기와 종류도 다양하게 달라집니다.

1 **실의 소리 듣기** 한 손으로 실의 한쪽 끝을 잡고 다른 손 손톱으로 실을 훑어 내리면서 소리를 들어 보세요.

"실이 내는 소리 잘 들어 봐. 어떤 소리가 들리니?"

2 종이컵에 바늘 등으로 작은 구멍을 내고 실을 통과시킵니다.

3 실 끝에 이쑤시개를 묶은 후 셀로판테이프로 고정시켜 실이 빠지지 않게 합니다.

4 종이컵에 연결된 실을 손톱으로 긁어내려 보세요. 종이컵을 귀에 대면 소리가 더 크게 들립니다.

Tip 손에 물을 묻혀서 하면 마찰이 커지기 때문에 소리가 더 커진답니다.

5 다양한 재질과 굵기의 실을 활용해 보세요. 플라스틱 재질은 소리가 매우 크답니다.

Tip 아이들이 이 놀이를 통해 소리의 원리까지 모두 이해하는 것은 무리일 수 있어요. 다만 일상 생활에서 여러 가지 과학적 원리가 숨어 있다는 것을 즐거운 놀이를 통해 어렴풋이라도 느끼게 해 주세요. 아이의 관찰 지능이 쑥쑥 자라게 될 거예요.

우리 집에서 스피커가 숨어 있는 곳을 아이와 함께 찾아 보세요. 휴대전화, CD플레이어, TV 등의 스피커에 손을 대보게 하세요. 손에 떨림이 느껴지는지도 물어보세요. 소리는 진동(떨림)에 의해 전달됩니다 손바닥으로 목젖 주위를 감싸고 "엄마, 사랑해요!"라고 말하게 해 보세요. 성대에서 울리는 진동을 느낄 수 있어요.

구멍 난 손바닥! 휴지심 착시

으악! 큰일 났어요. 내 손바닥에 구멍이 났어요. 어떻게 된 일일까요?
그런데 하나도 아프지 않아요.

놀이 목표

• 사람의 눈이 두 개인 이유 탐색
• 두 눈의 시각차 경험하기

교과 연계

• 우리 몸

준비물

• 휴지심, 동전

이 놀이는요~

우리의 눈이 본 현상이 뇌로 전달되어 그것을 인식하는 과정에서 실제 사실과 다르게 착각하게 되는 것을 '착시'라고 합니다. 이 활동은 여러 가지 착시 현상을 경험해 보는 놀이입니다.

Step 1 : 휴지심 착시

사람의 눈이 두 개인 이유
우리의 눈은 오른쪽과 왼쪽으로 서로 떨어져 있어 각각의 눈에 들어온 정보들을 우리의 뇌가 하나로 통합하는 과정을 거쳐 사물을 인식합니다. 이러한 과정을 통해 물체와의 거리감과 입체감을 정확히 알 수 있게 됩니다.

1 양손 검지를 어깨 넓이만큼 벌렸다가 서로 맞닿게 해 보고, 한쪽 눈을 감고 같은 방법으로 해 보세요.

2 오른쪽 눈으로는 휴지심의 구멍을, 왼쪽 눈으로는 휴지심 바로 옆에 댄 손바닥을 바라보세요. 우아! 손바닥에 구멍이 뚫린 것처럼 보이지요? 왼쪽의 손바닥을 천천히 앞뒤로 움직여 보세요. 구멍의 크기가 조금 달라지는 것처럼 느껴집니다.

Tip 오른쪽 눈을 통해 들어온 정보인 '구멍' + 왼쪽 눈을 통해 들어온 정보인 '손바닥'이 우리 뇌에서 합쳐져서 '구멍 뚫린 손바닥'이라는 재미있는 상황을 만들게 된답니다.

Step 2 : 재미있는 착시 현상

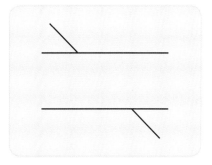

3 두 그림이 어떻게 보이나요? 어느 한쪽이 더 커 보이나요? 실제로 두 그림은 같은 크기입니다.

Tip 같은 크기와 모양이지만 보라색 도형의 짧은 곡선 쪽에 있는 주황색 도형이 더 커 보인답니다. 보라와 주황색 도형의 위치를 바꾸어 놓으면 이번에는 주황색 도형이 더 작아 보인답니다.

4 10원짜리 동전을 하나는 500원짜리 동전으로 둘러싸고, 하나는 50원짜리 동전으로 둘러싸 보세요. 두 10원짜리 동전 중 어떤 동전이 더 커 보이나요?

Tip 같은 크기의 동전이라도 큰 동전 사이에 있는 동전이 상대적으로 더 작아 보여요.

5 두 개의 선이 어떻게 보이나요? 두 개의 선은 똑바로 연결될까요?

★ 자를 이용해 이어 보세요. 두 선이 하나의 직선으로 연결된답니다.

이렇게도 놀아요

착시 현상의 예

두 직선의 길이는?

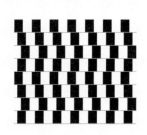

직선일까, 곡선일까?

햇빛으로 그린 그림 돋보기 그림

오늘은 크레파스와 색연필 말고 햇빛으로 그림을 그려 보기로 해요.
햇님을 내 맘대로 움직일 수도 없는데 어떻게 그리냐고요? 돋보기가 우리를 도와준다고 하네요.^^

놀이 목표

• 돋보기의 특징 알기
• 돋보기로 빛 모으기

교과 연계

• 빛

준비물

• 돋보기, 색종이

이 놀이는요~

물체를 크게 보이게 해 주는 '돋보기'는 꼬마 과학자의 필수품이죠? 하지만 오늘은 돋보기를 다른 용도로 사용해 봐요. 돋보기로 빛을 하나의 점에 모으면 뜨거운 태양열을 모을 수 있거든요.

Step 1 : 실내에서 돋보기 탐색하기

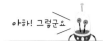

1 **돋보기로 보기** 돋보기로 다양한 물건들을 살펴보세요. 같은 물건이라도 돋보기를 가까이 댈 때랑 조금 멀리 댈 때랑 어떻게 다른지 관찰하도록 합니다. ★ 돋보기로 물건을 확대할 수 있음을 탐색하는 활동입니다.

2 **전등 빛 모으기** 방 천장의 전등을 켜고 방바닥에 종이를 댄 후 돋보기로 전등 빛을 모아 봅니다. 돋보기를 위아래로 움직이면서 전등 불빛이 종이에 선명하게 보이는 지점을 찾아보세요. ★ 돋보기로 빛을 모을 수 있음을 탐색하는 활동입니다.

아하! 그렇군요

돋보기(볼록렌즈)
돋보기는 빛을 모아 물체를 확대하여 보여 주는 도구입니다. 눈-렌즈-물체의 위치에 따라 물체의 크기가 달라지며, 돋보기로 모은 빛이 한곳에 모이는 지점이 바로 돋보기의 초점이 됩니다. 이 초점 거리 안쪽에 물체가 위치할 경우 물체가 확대되어 보입니다.

3 창문 반대편에 종이를 대고 돋보기로 창문에서 들어오는 빛을 모아 보세요. 뒤를 돌아보지 않았는데도 창문 앞에 서 있는 오빠의 동작을 볼 수 있답니다.

Tip 이때 오빠의 모습은 위아래가 거꾸로 보인답니다.

Step 2 : 야외에서 돋보기 탐색하기

4 종이에 두꺼운 검정색 펜으로 간단한 그림이나 글씨를 그립니다. 검정색 종이에 그려도 좋아요. ★ 이때 돋보기로 태워 완성할 부분도 미리 생각해 두면 좋겠죠?

5 돋보기를 들고 밖으로 나가 볼까요? 먼저 빈 종이를 바닥에 놓고 돋보기를 위아래로 움직여서 해가 아주 조그맣게 모이도록 해 보세요. 흰 종이와 검정색 종이에 번갈아 빛을 모아 보고 어느 쪽이 더 빨리 타는지 비교해 보세요. ★ 흰 종이보다 검정색 종이가 더 빨리 타는 이유는 검은색 종이가 빛을 더 잘 흡수하기 때문입니다.

6 이제 햇빛 그림을 그려 볼까요? 아까 그린 그림 위에 돋보기로 빛을 모아 주세요. 구멍이 나기 시작하면 돋보기를 조금씩 움직이면서 그림을 완성시켜 주세요. 자기 이름을 써 봐도 재미있겠죠?

소리가 설탕을 춤추게 한다! # 막춤 추는 설탕

설탕 나라에 파티가 열렸나 봐요. 우리가 내는 소리에 맞춰 통통 튀는 설탕 알갱이들의 멋진 춤을 구경해 보기로 해요. 그런데 어떤 설탕들은 막춤을 추고 있는 거 보이나요?

놀이 목표
- 소리의 전달

교과 연계
- 탐구, 어떻게 할까요?

준비물
- 2L 페트병 (또는 분유통),
  비닐 또는 랩, 설탕, 고무줄

이 놀이는요~

소리는 어떻게 우리 귀에 닿을까요? 소리는 떨림(진동)이랍니다. 이 떨림이 공기나 나무에 전달되어 우리 귀에까지 닿으면 소리가 들린다고 하지요. 이 활동은 소리가 일종의 떨림이라는 것을 눈으로 확인해 보는 놀이입니다.

Step 1: 드럼 위의 설탕 움직이기

1 분유통이나 반으로 자른 페트병에 랩이나 비닐을 씌운 후 고무줄 등으로 팽팽하게 고정시켜서 드럼을 만듭니다. ★ 비닐을 씌운 부분을 살살 치면서 소리도 한번 들어 보세요.

2 비닐 위에 설탕을 올려놓습니다. 설탕의 양은 1/3 티스푼 정도의 소량만 사용하는 편이 관찰하기에 좋습니다.

3 자, 이제 설탕을 움직이게 해 볼까요? 페트병을 직접 손으로 쳐도 되고, 책상을 두드려도 설탕이 움직입니다. 또 손을 대지 않고 설탕을 움직이게 할 수 있는 방법도 생각해 봅니다. 입으로 바람을 불어도 되겠죠?

"설탕을 움직이게 할 방법이 뭐가 있을까?"

Step 2: 소리로 설탕 움직이기

4 **소리 전달하기** 페트병 가까이에 입을 대고 '아' 하며 소리를 내 보세요. 또 '도레미파솔라시도'를 천천히 해 보세요. 소리의 높낮이에 따라 설탕의 움직임이 달라지는 것을 관찰할 수 있습니다.

5 **다양한 소리 전달하기** 목소리 외에 악기로 소리 내기, 박수 치기 등 다양한 방법으로 소리를 내면서 설탕의 움직임을 관찰해 보세요.

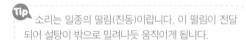

Tip 소리는 일종의 떨림(진동)이랍니다. 이 떨림이 전달되어 설탕이 밖으로 밀려나듯 움직이게 됩니다.

 실험 속 과학원리 고음과 저음

우리 몸에서 음성을 내는 기관 중 가장 중요한 부분이 바로 성대입니다. 성대의 길이에 따라 소리의 높낮이가 달라지는데, 성대의 길이가 짧을수록 높은 소리를 내고 길수록 낮은 소리를 내게 됩니다. 성인 남자가 성인 여자나 어린이들보다 낮은 소리를 내는 이유는 성대가 더 길기 때문입니다.

돌리면 들어가요 액자 속에 사과 넣기

앞면에는 '사과', 뒷면에는 '액자' 그림이 있어요. 사과를 액자에 넣어야 하는데 어떻게 해야 할까요?
사과를 오려서 액자에 넣을까요? 그러면 액자 그림이 잘릴 텐데 좋은 방법이 없을까요?

놀이 목표

• 잔상 경험하기
• 만화 영화의 원리

교과 연계

• 우리 몸

준비물

• 두꺼운 도화지, 색연필,
나무젓가락, 셀로판테이프,
고무줄

이 놀이는요~

우리의 눈이 자극을 받았을 때 그 자극이 잠시 눈에 남아 있는 현상을 '잔상'이라고 해요. 이 활동은 잔상 효과를 이용한 과학놀이입니다. 사과를 본 잔상이 머릿속에 남아 있는 동안 액자를 보면 사과가 액자 속에 들어 있는 것으로 우리 눈은 착각하게 된답니다.

Step 1 : 사과와 액자 그리기

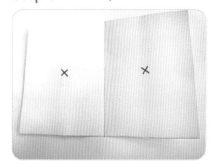

1 A4용지 절반 크기의 두꺼운 도화지를 반으로 접고 양쪽에 중심을 표시해 주세요.

2 표시된 중심을 기준으로 같은 위치에 한쪽 면에는 액자를, 나머지 한쪽 면에는 사과를 그립니다. ★ 액자가 조금 커야 그림이 액자 속에 들어가겠죠?

Step 2 : 고무줄 연결하여 돌리기

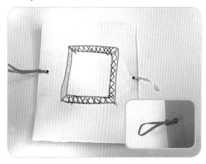

3 종이를 그림이 보이게 반으로 접어 붙인 후, 양쪽에 구멍을 뚫고 고무줄을 끼웁니다.

> **Tip** 고무줄 끼우는 부분은 구멍을 뚫기 전에 셀로판테이프를 한 번 붙여 주면 종이가 쉽게 찢어지지 않아요.

4 고무줄을 양쪽 손가락에 끼우고 그림을 돌려 고무줄을 팽팽히 꼬아 줍니다. 아이가 혼자 못하면 엄마가 대신 돌려 주세요.

5 자, 이제 사과를 액자에 넣어 볼까요? 잡고 있던 손을 놓으면 그림이 돌아가며 사과가 액자 안에 들어가게 됩니다. 이때 고무줄을 잡아당기면 그림이 더 빨리 돌아가면서 잔상 효과가 더 확실해집니다.

Step 3 : 나무젓가락으로 돌리기

6 이번에는 나무젓가락을 이용해 새를 새장에 넣어 볼까요? 나무젓가락 앞뒤로 새와 새장 그림을 붙입니다.

7 두 손바닥으로 젓가락을 잡고 비비듯 돌리면 두 그림이 합쳐지는 것을 관찰할 수 있어요. 새가 새장 속에 들어가 있네요.

> **Tip** 아이가 어리다면 고무줄로 돌리는 방법이 더 좋아요. 잔상이 남아 있는 시간은 길지 않기 때문에 젓가락의 경우 빨리 돌려야 두 개의 그림이 합쳐 보이거든요.

꽥꽥~ 개굴개굴~ **빨대 오리 빨대 개구리**

빨대로 재미있는 소리를 만들 수 있어요. 꽤액~꽤액~ 오리 소리도 낼 수 있고, 여름밤 목청껏 노래하는
개구리 소리를 낼 수도 있어요. 정말 개구리랑 오리처럼 소리가 나는지 한번 해 볼까요?

놀이 목표
· 마찰로 소리 만들기
· 작은 소리를 크게 하기

교과 연계
· 탐구, 어떻게 할까요?

준비물
· 주름빨대, 종이컵,
  셀로판테이프, 가위,
  종이, 색연필

이 놀이는요~

마찰을 이용해 소리를
크게 내는 방법을 찾고,
그 소리를 더욱 확대할
수 있는 방법을 경험해
보는 놀이입니다.

Step 1 : 빨대로 소리 내기

1 빨대를 이용해 소리를 만들어 봅니다. 어떤 방법으로 소리를 낼 수 있을까요?

> **Tip** 빨대로 소리를 만들어 보라고 하면 아이들은 보통 빨대를 입에 물고 불어 봅니다. 부는 방법 외에 빨대끼리 비벼 보기, 손으로 긁어 보기 등 다양한 방법을 찾아보세요.

2 빨대의 주름 부분을 손톱으로 긁어 소리를 내 보세요. 그리고 들리는 소리가 어떤 소리와 비슷한지 표현해 보도록 하세요.

"주름진 부분을 손톱으로 긁을 때 나는 소리는 어떤 소리와 비슷하니?"
"천천히 긁으니까 개구리 울음소리 같아요."

Step 2 : 종이컵을 이용해 빨대 소리 키우기

3 개구리와 오리를 그려서 종이컵 양쪽에 붙입니다.

4 종이컵의 밑바닥에 연필로 구멍을 냅니다. ★ 너무 크게 뚫지는 마세요. 빨대가 빡빡하게 들어갈 수 있는 크기면 됩니다.

5 빨대의 주름이 없는 쪽 끝을 가위로 4등분한 후, 사진과 같이 종이컵 바닥에 셀로판테이프로 고정시킵니다.

6 빨대를 이용해 소리를 내 봅니다. 어떤 방법으로 낸 소리가 개구리 울음소리와 비슷한가요? 오리의 울음소리와 비슷한 소리도 내 보았나요? ★ 종이컵이 스피커 역할을 해서 앞의 놀이보다 소리를 더 크게 낼 수 있어요.

> **Tip** 주름진 부분을 긁으면 개구리 소리와 비슷하고, 매끈한 부분을 손으로 훑으면 오리 소리와 비슷하게 난답니다.

7 손에 물을 묻혀 훑어내려 보세요. 효과가 더욱 좋습니다. ★ 손에 물을 묻히면 마찰이 커져서 더 큰 소리가 납니다.

매일 나를 따라다녀요~ 그림자 그림

날씨가 너무 좋아 아이들 엉덩이가 들썩들썩 방안에만 있을 수가 없는 날이 있죠? 밖에 나가 자전거도 타고,
미끄럼도 탔는데 약간 심심해질 무렵 그림자 놀이를 해 보세요. 아이들 반응은 대박이랍니다!

놀이 목표

• 빛의 직진
• 그림자 알기

교과 연계

• 빛과 그림자

준비물

• 종이, 색연필, 화창한 날씨

이 놀이는요~

빛이 직진하는 성질을 이용한 놀이입니다. 빛은 구부러지지 않고 곧게 나아가
는 성질을 가지고 있는데, 이를 '빛의 직진성'이라고 합니다. 하지만 물체가 빛
을 가로막으면 빛은 더 이상 나아가지 못해서 검은 부분이 생기는데, 이 검은
부분이 바로 '그림자'입니다. 그림자가 왜 생기는지 이제 설명 가능하시겠죠?^^

1 그림자를 찾아봐요. 내 그림자뿐만 아니라 여러 가지 사물의 그림자를 찾아봅니다. 엄마와 아이의 그림자 크기도 비교해 보세요.

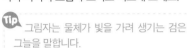
Tip 그림자는 물체가 빛을 가려 생기는 검은 그늘을 말합니다.

2 그림자를 합쳐 봐요. 친구끼리, 남매끼리 그림자를 합체해 보세요.

3 손가락 등 신체 일부로 그림자를 만든 후, 종이를 대고 따라 그려 봐요.

Tip 종이가 없다면 땅 위에 뾰족한 돌로 따라 그려도 훌륭한 놀이가 됩니다.

4 그림자를 본뜬 다음, 여러 방향으로 돌려 어떤 그림을 그릴 수 있는지 상상해 보고 그림자 본을 바탕으로 그림을 그려 보세요.

5 그림자가 멋진 코끼리로 변신했네요.

이렇게도 놀아요

그림자 맞히기 놀이

준비물 : 플래시, 여러 가지 사물(가위, 장난감 자동차, 칫솔 등)

① 문제를 맞힐 사람은 앞쪽에 앉아서 벽을 바라봅니다.
② 뒤쪽에 선 사람은 한 손에는 물건을 들고 다른 한 손으로 플래시를 들어 물건을 비춰 주세요. 플래시와 물건 사이의 거리를 조정해서 그림자가 명확해질 수 있도록 합니다.
③ 누가 누가 잘 맞히나 내기해 보세요.

Tip 제한시간을 정하고 놀면 한층 흥미진진해진답니다.
아이가 어릴 경우 가위, 빗 등과 같이 특징이 명확한 물건들을 준비해 주세요.

빨주노초파남보 무지개를 담은 상자

비 온 뒤 하늘에 떠 있는 무지개는 참 아름답죠? 그런데 하늘의 무지개를 상자 안에 넣으면
언제든지 볼 수 있다고 해요. 못 쓰는 CD를 이용하여 무지개 상자를 만들어 봐요.

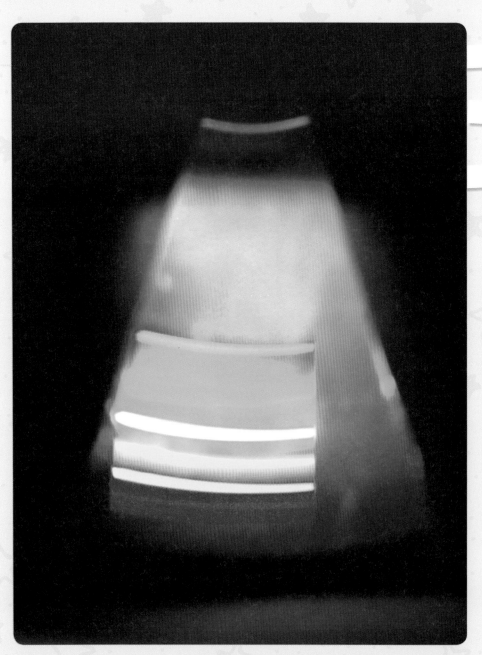

놀이 목표
• 빛의 성질

교과 연계
• 빛

준비물
• 그림 본(권말 부록),
안 쓰는 CD, 가위,
셀로판테이프

이 놀이는요~

빛이 여러 가지 원인으로 꺾이게 되면 다양한 색으로 나뉩니다. CD의 표면은 겉보기에는 매끈해 보이지만 실제로는 무수히 많은 틈이 있지요. 빛이 이 틈에 들어가 반사되면서 여러 각도로 퍼지게 되어 무지개를 만들어 냅니다.

1 무지개에 대한 경험을 나눠 봐요. 비 온 뒤 하늘에 떠 있는 무지개를 본 적 있는지 이야기를 나누어 보고, 책이나 인터넷으로 보여 주세요.

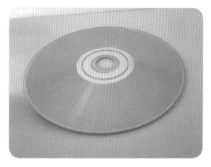

2 CD 뒷면을 살펴보아요. 매끈한 뒷면을 이리저리 움직이면서 보면 여러 가지 색깔의 빛이 보입니다.

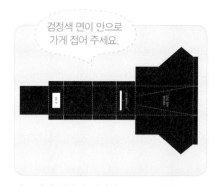

검정색 면이 안으로 가게 접어 주세요.

3 책의 권말에 제시된 본을 모양대로 오린 후 실선은 자르고, 점선은 접어 주세요. 큰 구멍과 얇은 구멍이 각각 한 개씩 있습니다.
★ 본 뒤에 두꺼운 도화지를 덧대어 튼튼하게 만들어 도 좋아요.

5 안 쓰는 CD를 본의 붙이는 부분에 맞게 가위로 오립니다.

6 자른 CD조각을 검은 면 위에 사진과 같이 양면테이프로 붙이세요.

7 본을 선대로 접은 후 셀로판테이프로 붙여 상자를 완성하세요. 큰 구멍이 눈을 대는 곳입니다.

8 상자의 구멍에 눈을 대고 안을 들여다보세요. 무엇이 보이나요?

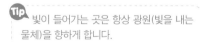

Tip 빛이 들어가는 곳은 항상 광원(빛을 내는 물체)을 향하게 합니다.

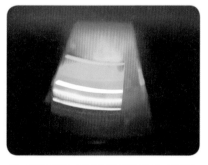

9 여러 가지 빛들을 관찰해 봐요. 형광등, 백열등, 햇빛, 가로등, 크리스마스 전구 등 빛을 내는 물체에 따라 조금씩 다른 무지개를 볼 수 있어요.

빙글빙글 돌아라! CD로 만든 잔상팽이

팔을 벌리고 빙글빙글 돌면 나무도 꽃도 모양과 색이 변해요. 그렇다면 빠르게 돌아가는 팽이 위의 점은 어떨까요?
돌아가는 팽이는 점을 변신시킨답니다. 어떻게 변신시킬까요?

놀이 목표

• 잔상

교과 연계

• 우리 몸

준비물

• 안 쓰는 CD, 가위, 양면테이프,
구슬, 사인펜

이 놀이는요~

우리 눈에 이전의 자극이 기억되는 동안 새로운 자극이 들어오면
두 자극은 서로 겹쳐지게 되는데, 이러한 현상을 '잔상'이라고 합니
다. 팽이가 빠르게 돌아가면서 팽이 위에 그려진 색과 모양이 변화
하는 과정을 관찰할 수 있습니다.

1 빈 종이에 CD를 대고 따라 그린 후 모양대로 오려서 CD에 붙입니다.

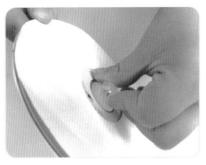

2 구슬을 글루건이나 양면테이프로 CD 중앙에 꾹 눌러 끼워 주면 팽이 완성!

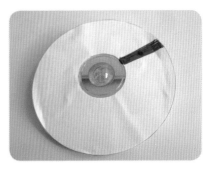

3 팽이의 안쪽에서 바깥쪽으로 두껍게 선을 하나 그립니다.

4 팽이를 돌려 선이 어떻게 변하는지 관찰합니다.

5 뱅글뱅글 모양으로도 선을 넣어 봐요.

6 팽이가 돌아가면서 굵은 선이 더 길어진 것처럼 보이며, 나선형으로 그린 선들이 마치 움직이는 것처럼 보이게 됩니다.

7 나만의 색팽이를 만들어 보세요. 팽이를 돌렸을 때 다양하고 예쁜 모양이 나타나게 하려면 어떻게 그려야 할지를 생각해 보며 만들어요.

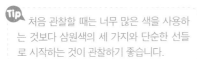

Tip 처음 관찰할 때는 너무 많은 색을 사용하는 것보다 삼원색의 세 가지와 단순한 선들로 시작하는 것이 관찰하기 좋습니다.

8 다양한 색을 이용하여 예쁜 모양의 팽이를 만들어 보고, 누구의 팽이가 더 오래 도는지 시합을 해 봐도 좋아요.

동에 번쩍! 서에 번쩍! 사라진 물고기

컵 속에 종이로 만든 물고기를 넣어 볼까? 물고기가 젖으니까 지퍼백에 담아서 넣어야겠다.
이런, 물고기가 사라졌네? 물고기는 어디로 갔을까요?

놀이 목표

• 빛의 성질

교과 연계

• 빛

준비물

• 투명 유리컵, 물고기 그림, 지퍼백(작은 것), 유성펜, 가위

이 놀이는요~

공기 중의 빛은 직진하는 성질을 갖고 있지만, 직진하던 빛은 매질(통과하는 물질)에 따라 굴절합니다. 이 활동은 유리-물-비닐을 빛이 어떻게 통과하는가에 따라 그림이 보였다 사라졌다 하는 현상을 보여 주는 과학놀이입니다.

1 유리컵에 들어가는 사이즈의 지퍼백을 준비합니다. 지퍼백에 맞는 크기의 종이에 바닷속 풍경을 그린 후 지퍼백에 넣어요.

2 그림이 든 지퍼백을 물이 든 유리컵 속에 넣은 다음 정면에서 보세요. 물속과 물 밖의 모습이 모두 보입니다.

3 이번에는 컵의 위쪽에서 수직으로 그림을 관찰해 보세요. 물속에 들어간 부분의 그림은 보이지 않죠?

4 지퍼백을 꺼내 물기를 닦은 후, 지퍼백의 비닐 위에 유성펜으로 물고기 그림을 그려 다시 물이 담긴 컵 속에 넣습니다. ★ 새로운 지퍼백에 물고기 그림을 그린 후, 지퍼백 안의 그림을 옮겨 담아도 됩니다.

5 물속 그림을 정면에서 관찰해요. 그림이 보이죠?

6 컵의 위쪽에서 수직으로 그림을 관찰해 보세요. 물속 그림 중 비닐 위에 그려진 물고기만 보입니다.

Tip 유리컵, 비닐, 물 모두 투명해서 빛이 똑같이 통과해서 지나가는 것처럼 보이지만 각각의 경우마다 빛의 굴절률이 다릅니다. 따라서 비닐 안의 그림은 보이지 않지만 비닐 위에 그려진 물고기는 보이게 됩니다.

신나게 날아가요 빨대 헬리콥터 날리기

두두두~ 헬리콥터가 날아가는 것을 본 적이 있나요? 빠르게 돌아가는 프로펠러를 이용하여 하늘을 나는 헬리콥터. 종이와 빨대로 헬리콥터를 만들어 날려 보세요. 신나는 하루가 될 거예요.

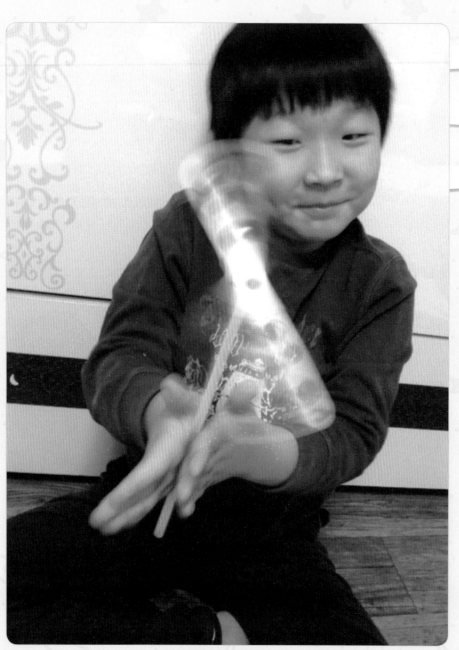

놀이 목표
• 공기의 힘

교과 연계
• 에너지와 도구

준비물
• 굵은 빨대, 두꺼운 도화지, 셀로판테이프, 나무젓가락, 스티커, 사인펜

이 놀이는요~

비행기, 헬리콥터, 보트 등에는 모두 프로펠러가 달려 있어요. 2개 이상의 날개 모양으로 되어 있는 프로펠러는 돌아가는 힘(회전력)을 앞으로 전진하는 힘(추진력)으로 바꾸어 주는 장치예요. 프로펠러를 만들어 날려 보며, 프로펠러의 원리를 익혀 봐요.

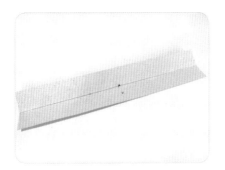

1 두꺼운 도화지를 4×12cm 크기로 자른 후, 길게 반으로 접었다 편 다음 중앙을 표시합니다.

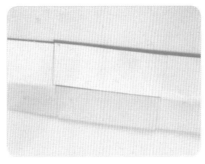

2 두꺼운 도화지를 2×6cm로 두 장 자른 후 1의 바깥면 중앙에 나란히 덧대어 줍니다. ★ 중앙 부분은 회전시 중심을 잡아야 하므로 두껍게 만듭니다.

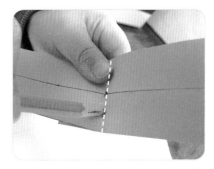

3 도화지를 다시 뒤집어 한쪽면 중앙에 빨대 크기만큼 연필로 구멍을 뚫습니다.

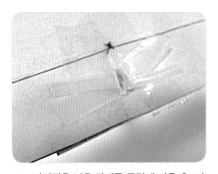

4 가위집을 넣은 빨대를 구멍에 끼운 후, 가위집을 벌려 테이프로 고정시켜 주세요.
★ 도화지의 폭이 좁기 때문에 빨대의 벌린 부분이 조금 겹쳐지게 됩니다.

회전 시에 벌어지지 않도록 단단히 붙입니다.

5 두 면을 풀이나 양면테이프 등을 이용해 붙여 주세요. 양쪽 끝은 동그랗게 잘라 줍니다.

6 스티커와 사인펜 등을 이용하여 프로펠러를 예쁘게 꾸며 주세요.

7 손잡이가 힘이 없거나 흔들릴 경우 빨대 끝을 조금 잘라낸 후, 나무젓가락을 끼우고 테이프로 고정시켜 주세요.

8 프로펠러를 날리려면 어떻게 해야 할지 생각해 보게 하세요. 프로펠러의 손잡이를 손바닥에 올려놓고, 다른 손바닥으로 힘차게 밀면 빨대가 회전하면서 날아갑니다.

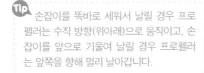

Tip 손잡이를 똑바로 세워서 날릴 경우 프로펠러는 수직 방향(위아래)으로 움직이고, 손잡이를 앞으로 기울여 날릴 경우 프로펠러는 앞쪽을 향해 밀리 날아갑니다.

9 프로펠러를 살짝 변형해 봐요. 프로펠러의 날개를 잡고 서로 반대쪽으로 살짝 비틀어 주세요. 한 번은 오른쪽으로 돌려 날려 보고, 한 번은 왼쪽으로 돌려 날려 보세요.

Tip 프로펠러의 회전 방향이 날개가 위로 올라간 쪽일 경우 프로펠러는 위로 떠오르고, 반대로 날개가 아래로 향한 쪽이 회전 방향에 있을 경우 프로펠러는 아래쪽을 향해 날아갑니다.

나는 피리 부는 멋쟁이 요구르트 피리

요구르트가 너무 맛있어서 한입에 꿀꺽~ 다 마시고 말았어요. 그랬더니 내 손에는 빈 요구르트병뿐.
이 병으로 무얼 만들면 좋을까요? 멋진 피리 부는 사나이로 변신해 볼까요?

놀이 목표

• 소리의 공명

교과 연계

• 탐구, 어떻게 할까요?

준비물

• 요구르트병, 주름빨대,
* 주름빨대 중 너무 굵은 빨대로는
  피리 소리를 낼 수 없어요.

이 놀이는요~

요구르트병의 공기가 떨려서 내는 소리를 경험해 보는 활동입니다. 이때 요구르트병은 소리를 울리게 만들어 주는 울림통 역할을 하게 됩니다. 울림통의 크기와 길이에 따라 소리도 달라집니다. 다양한 크기의 병을 활용하여 시도해 보세요.

1 빈 요구르트병에서 나는 소리를 들어 보세요. 두드려 보고, 떨어뜨려도 보세요.

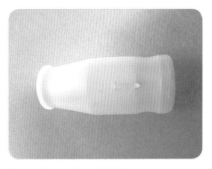

2 요구르트병의 아래쪽에 0.3×1cm 크기의 작은 구멍을 만들어 주세요.

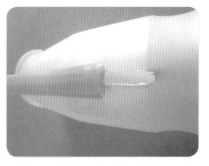

3 주름빨대의 짧은 쪽을 구멍 바로 위쪽에 셀로판테이프로 붙이세요. 색종이로 요구르트병을 꾸며 주어도 좋아요.

Tip 공기가 잘 들어가게 빨대를 살짝 눌러 주듯이 붙이세요.

4 자, 이제 피리를 불어 볼까요? 처음에는 그냥 불어 보세요. 어떤 소리가 나는지 말로 표현해 보세요.

"피리에서 어떤 소리가 나니?"
"뿌 소리가 나요. 코끼리 방구 소리 같아요."

5 병의 입구를 반쯤 막고 피리를 불어 보세요. 소리가 어떻게 달라졌나요? ★ 병의 입구를 막으면 낮은 소리가 납니다.

6 병의 입구를 완전히 막고 피리를 불어 보세요. 병의 입구를 손으로 막을수록 점점 낮은 소리가 나고, 반대로 입구를 열수록 점점 높은 소리가 납니다.

Tip 소리는 진동할 수 있는 공간의 크기에 따라 높낮이가 달라집니다.

이렇게도 놀아요

부엉이 울음소리

음료수 캔에서 따개를 떼어 내고 그 자리에 빨대를 붙여 불어 보세요. 멋진 부엉이 소리가 난답니다.

맛과 코의 관계 눈 가리고 맛보기

감기로 코가 막힌 뽀로로가 달콤한 딸기우유를 먹었는데 맛이 안 난다고 투덜대고 있네요.
코가 막혀서 냄새를 못 맡는 건 이해가 되는데 왜 맛도 모르게 되는 거죠? 맛과 코의 관계를 알아봐요.

놀이 목표

• 우리 몸의 감각기관

교과 연계

• 우리 몸

준비물

• 여러 가지 맛의 우유(바나나, 딸기,
  초코, 흰 우유) 또는 다양한 맛의
  주스, 빨대, 눈 가리개

이 놀이는요~

보통 맛은 혀로 느낀다고 알고 있죠? 하지만 순수하게 혀로 느끼는 맛은 몇
가지밖에 안 돼요. 코를 막고 음식의 맛을 구별해 보는 놀이를 통해, 우리
몸은 혀뿐만 아니라 후각이나 촉각의 도움에 의해 더욱 풍부한 맛을 느낄
수 있다는 것을 체험할 수 있답니다.

1 다양한 음식들을 맛보면서 맛을 표현해 보세요. 단맛, 쓴맛, 신맛, 짠맛, 매운맛 이외에 시큼한 맛, 새콤한 맛, 새콤달콤한 맛, 얼얼한 맛, 포도맛, 딸기맛 등 다양한 어휘를 떠올릴 수 있게 도와주세요.

Tip 사람이 느끼는 여러 가지 맛 중에서 혀로 느끼는 맛은 '단맛, 짠맛, 신맛, 쓴맛'뿐이라는 걸 알려 주세요. 매운 맛은 혀로 느끼는 맛이 아니라 피부로 느끼는 통증입니다.

2 바나나, 딸기, 초코, 흰 우유 등 다양한 맛의 우유를 컵에 따라 준비해 주세요.

3 준비한 우유들을 코를 막지 않고 한 모금씩 마셔 본 후, 각각 어떤 맛이 나는지 표현해 보도록 하세요.

4 이번에는 눈을 가리고 손으로 코를 막은 후, 우유를 마시고 어떤 맛의 우유인지 맞혀 봅니다.

Tip 우유가 다 넘어갈 때까지 코에서 손을 떼지 않도록 해 주세요. 아이의 눈을 가린 후 우유의 순서를 섞어 주면 더욱 재미있겠죠?

5 두 가지 맛을 섞어서 동시에 마시면 어떤 맛이 날까요? 흰 우유와 바나나 우유를 빨대로 동시에 마셔 보고, 어떤 맛이 나는지 이야기해 보게 하세요.

6 바나나 우유와 초코 우유, 초코 우유와 딸기 우유 등 두 가지 우유를 동시에 마셔 보고, 3~4가지 맛도 도전해 봅니다.

탐색놀이
6세 이상

집에서도 3D를 즐긴다! 3D 입체안경

3D 영화를 집에서 보려는데 입체안경이 가족 수보다 모자라거나 3D 책에 있던 입체안경을 잃어버렸을 때 참 곤란하시죠? 빨간색과 파란색 셀로판지만 있으면 간단히 만들 수 있어요. 그냥 끼고 놀아도 재미있답니다.

놀이 목표

• 사람의 눈이 두 개인 이유 탐색
• 입체 영상의 원리 탐색

교과 연계

• 우리 몸

준비물

• 셀로판지(빨간색, 파란색, 노란색), 두꺼운 도화지, 셀로판테이프, 색종이

이 놀이는요~

연필을 손에 들고 한쪽씩 눈을 가리고 보면, 오른쪽 눈과 왼쪽 눈이 보는 연필의 위치가 조금 다르죠? 사람의 눈은 2개인데, 각각의 눈으로 들어온 정보가 뇌에서 하나로 합쳐지는 과정을 통해 원근감을 알 수 있게 된답니다. 3D의 원리도 이와 같아요. 적청안경을 만들어 3D의 원리를 접해 봐요.

Step 1 : 셀로판지 탐색하기

1 파랑, 빨강, 노랑, 연두색 색종이를 가지런히 놓고, 눈에 셀로판지를 대고 색종이가 어떻게 보이는지 관찰합니다.

2 빨간색 셀로판지로 보았을 경우입니다. 첫 번째인 파란색 색종이를 빨간색 셀로판지로 보니 보라색으로 보이는 것을 관찰할 수 있습니다.

3 노란색 셀로판지로 보았을 경우입니다. 파란색 색종이가 초록색으로 보입니다.

Tip 같은 색 셀로판지를 두 장 겹쳐서 보면 색 변화가 좀 더 확실하게 관찰됩니다.

Step 2 : 입체안경(적청안경) 만들기

4 두꺼운 도화지로 안경 본을 만든 후 한쪽에는 파란색 셀로판지를, 다른 한쪽에는 빨간색 셀로판지를 붙여 주세요.

Tip 셀로판지가 한 겹인 것보다 두 겹일 때 더 잘 보입니다.

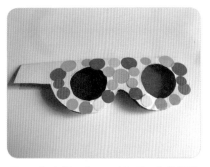

5 4의 안경을 반으로 접은 후, 아랫부분을 셀로판테이프로 붙여 줍니다. 안경을 예쁘게 꾸민 후, 안경을 쓰고 색종이를 관찰해 보세요.

아하! 그렇군요

입체안경의 원리
입체사진은 하나의 사물을 우리의 눈처럼 두 개의 각도에서 각각 촬영하여 청색과 적색으로 구성한 뒤 이 두 영상을 하나로 겹쳐서 만들어 냅니다. 이 사진을 적청안경을 착용하고 감상하면 우리의 눈은 각각에 해당하는 영상을 다시 우리의 뇌에서 합성시키기 때문에 입체로 느끼게 됩니다.

Step 3 : 입체안경으로 관찰하기

6 입체안경을 쓰고 위의 그림을 보세요.
① 한쪽 눈을 가리고 빨간색 쪽으로만 보세요. – 파란 그림이 도드라져 보입니다.
② 한쪽 눈을 가리고 파란색 쪽으로만 보세요. – 빨간 그림이 도드라져 보입니다.
③ 입체안경으로 관찰하세요.

밖에 나가 놀자! 분꽃을 관찰해요

햇살 좋은 오후, 집에서 뭐하세요? 아이들과 함께 바깥에 나가 나무랑 꽃이랑 열매를 보며 하루를 보내 봐요.
늦여름에서 가을까지 우리 주변 곳곳에 흔하게 피어 있는 '분꽃'을 관찰하며 아이들의 관찰력을 키워 보세요.

놀이 목표

· 관찰

교과 연계

· 식물의 세계

준비물

· 식물도감

이 놀이는요~

아이는 자연 속에서 많은 것을 배웁니다. 가드너 박사의 '다중지능 이론'에 따르면 다양한 나무, 꽃, 곤충, 돌과 같은 동식물과 광물을 분류하고 인식할 수 있는 능력인 '자연친화지능'이 높은 아이들은 다른 아이들보다 정서적으로 안정되어 있으며, 호기심과 집중력이 높다고 합니다. 늘 지나치던 풀, 꽃, 나무 속에 우리 아이의 과학적 창의력이 숨어 있답니다.

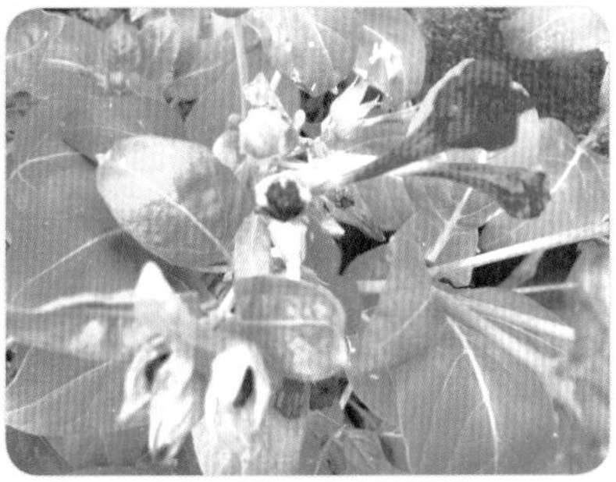

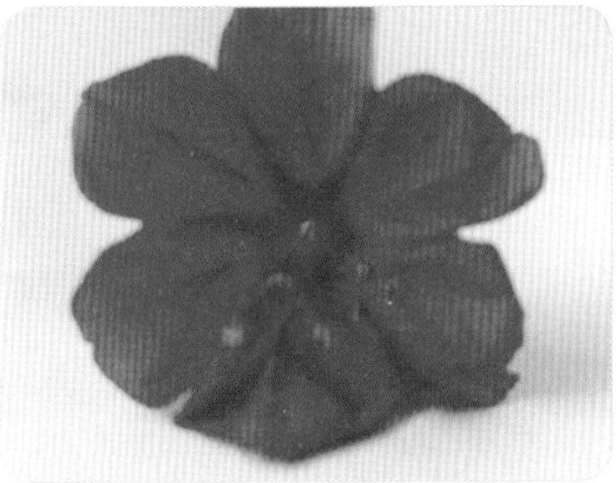

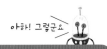

아하! 그렇군요

분꽃은 어떤 꽃일까?

작은 나팔 모양의 분꽃은 늦여름부터 가을에 걸쳐 피며, 낮에는 꽃을 오므리고 있다가 저녁 나절이 되면 꽃잎을 펼치며 활짝 피어납니다. 분꽃은 꽃잎이 하나로 붙어 있는 '통꽃'이며, 가운데 암술 주변을 노란 꽃가루가 있는 5개의 수술이 둘러싸고 있답니다.

1 식물도감이나 인터넷에서 분꽃을 찾아 사진을 보여 주세요. 분꽃의 생김새를 말로 표현해 보면서, 모양을 잘 기억할 수 있도록 도와주세요.

2 공원이나 화단에서 분꽃을 채집해 꽃잎의 모양을 살펴보고, 꽃잎을 제거한 후 그 안에 있는 암술과 수술을 관찰해요.

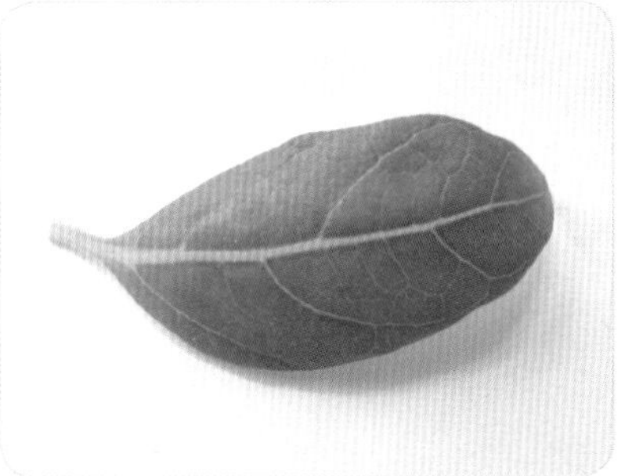

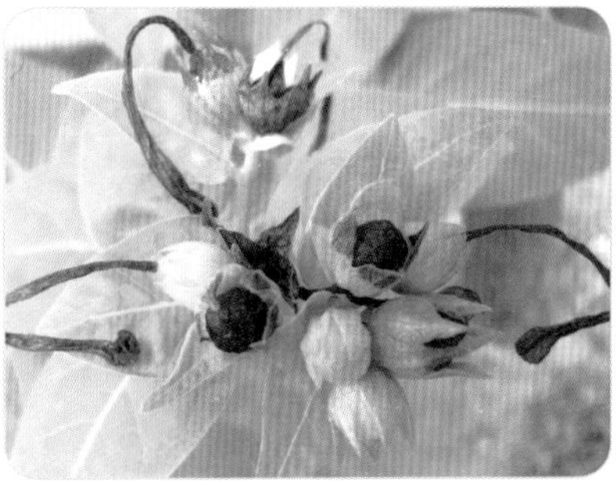

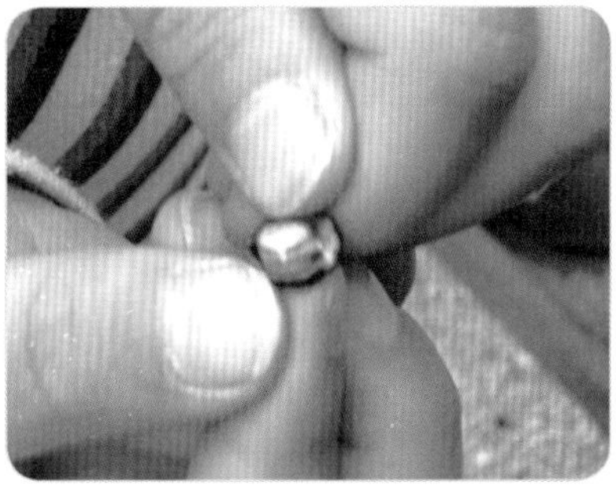

3 이번에는 분꽃의 잎과 줄기를 관찰해요. 분꽃의 줄기에는 잔털이 나 있으며, 매끈한 선을 자랑하는 잎을 가지고 있습니다.

4 씨앗을 관찰해요. 꽃이 지고 난 자리에 둥근 모양의 까만 씨앗이 맺혀요.

5 분꽃씨는 까만 껍질을 제거하면 그 안에 예전에 분가루로 쓰였다던 하얀 가루가 들어 있습니다.

Tip 분꽃씨 가루를 얼굴을 뽀얗게 만드는 분가루로 썼다 하여 꽃이름이 '분꽃'이래요.

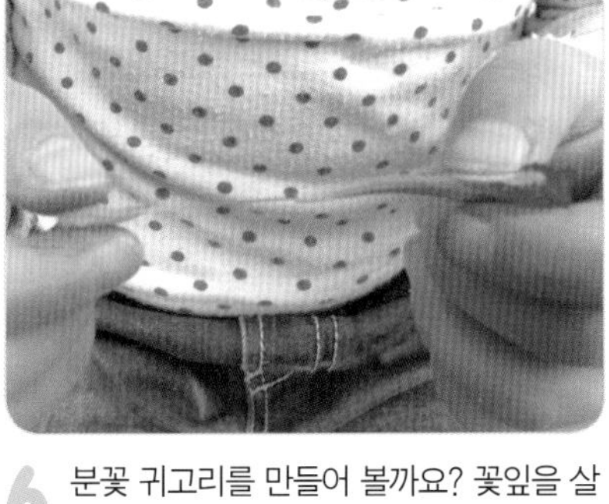

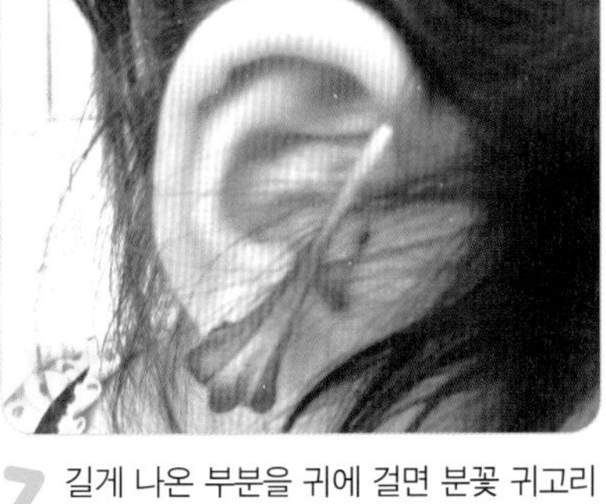

6 분꽃 귀고리를 만들어 볼까요? 꽃잎을 살짝 잡고 꽃술이 완전히 빠지지 않도록 꽃받침을 천천히 잡아당깁니다.

7 길게 나온 부분을 귀에 걸면 분꽃 귀고리 완성! 어때요? 자연미인이 되었죠?

신나게 날아가는 쌩쌩 종이컵 비행접시

우리 집에 UFO가 떴어요! 종이컵을 이용해 아이들이 좋아하는 비행접시를 만들어 봐요.
빨리 돌면 돌수록 점점 UFO로 변신하는 종이컵 요요~

놀이 목표

• 회전관성
• 원심력

교과 연계

• 탐구, 어떻게 할까요?

준비물

• 종이컵, 이쑤시개,
셀로판테이프, 동전,
굵은 실 또는 털실 1m

이 놀이는요~

돌아가던 물체가 계속 그 상태로 돌려는 성질인 '회전관성'과 원운동을 하는 물체에 바깥쪽으로 작용하는 힘인 '원심력'을 관찰할 수 있는 놀이입니다.

Step 1 : 종이컵 비행접시 만들기

1 종이컵 2개를 포갠 후, 8등분해서 잘라 놓습니다.

2 종이컵을 분리한 후, 그 중 한 종이컵 중심에 실을 통과시킬 구멍을 뚫습니다.

어느 정도 두께가 있는 실(굵은 실이나 가는 줄)이 꼬이지 않아 좋습니다.

3 1m 정도 길이의 실을 반으로 접어 구멍에 통과시킨 후, 이쑤시개와 셀로판테이프를 이용해 고정합니다.

4 멋진 비행접시가 되도록 날개를 예쁘게 꾸며 주세요. 여러 가지 색깔을 사용하면 컵이 돌아갈 때 예쁜 띠 모양을 볼 수 있게 됩니다.

5 나머지 종이컵을 마주 대고 날개 부분을 셀로판테이프로 단단히 고정시키면 비행접시 완성!

6 두 개의 실을 함께 잡고 한 방향으로 꼬았다가 실을 양손에 하나씩 잡고 바깥쪽으로 잡아당깁니다. 실이 다 풀리면 다시 가운데로 모으고, 실이 다시 꼬이면 벌려 주는 동작을 반복하면 비행접시가 돌아갑니다.

Step 2 : 더 강력한 종이컵 비행접시 만들기

7 8등분한 종이컵 중 한 개의 안쪽 중심과 날개 부분에 동전을 붙입니다.

8 두 개의 종이컵을 셀로판테이프로 붙여 줍니다.

9 처음 만들었던 비행접시와 동전을 붙인 비행접시의 돌아가는 모습이 어떻게 다른지 관찰해 봅니다.

Tip 원심력은 물체가 빨리 돌수록, 또한 물체의 가장자리쪽이 무거울수록 커지므로, 종이컵 날개 끝에 동전을 붙이면 원심력이 커져 더 납작해지며 비행접시 모양으로 변신하게 됩니다.

PART 2

눈에 보이지 않는 과학

공기가 과학이래요

'공기'는 유아 및 초등 과학에서 가장 기본적이면서 가장 중요한 물질이에요.

공기는 눈에 보이지 않지만 우리 주변은 공기로 가득 차 있어요.

이번 놀이들을 통해 우리 주위에 공기가 있음을 알고,

공기의 힘을 경험해 보는 놀이입니다.

풍선, 빨대, 컵을 이용해 눈에 보이지 않는

공기의 세계로 들어가 볼까요?

공기는 힘이 세 쫙 펴져라 고무장갑

고무장갑을 벗다가 잘못해서 손가락이 뒤집어졌대요. 손가락을 하나씩 하나씩 빼자니 너무 귀찮은데,
한방에 쫙 빼낼 수 있는 방법은 뭐 없을까요?

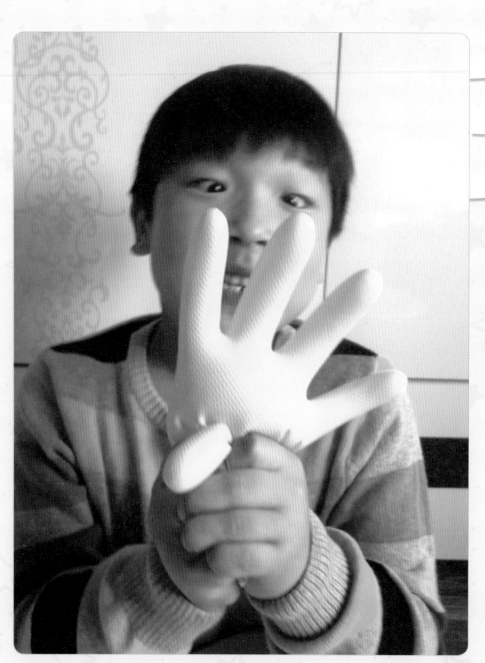

놀이 목표
• 공기의 존재

교과 연계
• 액체와 기체의 부피

준비물
• 고무장갑, 비닐장갑, 그릇,
고무줄, 색종이, 셀로판테이프

이 놀이는요~

눈에 보이지 않는 공기가 우리 주변에 있음을 아이에게 어떻게 설명해 줄까요? 이 활동은 눈에 보이지 않는 공기를 고무장갑 안에 모아 보여 주는 과학놀이입니다. 엄마 눈에는 다소 단순하게 느껴지겠지만, 아이들에게 공기의 존재를 가르칠 때 매우 유용하답니다.

Step 1: 고무장갑 탐색하기

1 손가락이 안으로 들어가게 고무장갑을 뒤집은 후, 아이에게 손가락을 꺼내 달라고 부탁해 보세요.

2 손가락을 꺼내 보라고 하면 아이들은 보통 손으로 하나씩 꺼내려고 합니다. 다른 방법도 찾아봐요. 안쪽으로 손을 집어 넣어 미는 방법도 있겠죠? 또 다른 방법은 없을까요?
★ 아이가 고무장갑을 충분히 탐색할 수 있도록 기다려 주세요.

3 고무장갑의 손가락이 한번에 쏙 올라올 수 있는 방법을 생각해 봐요. 고무장갑 안에 바람을 넣고 입구를 꼭 쥐고 누르면 손가락이 쏙쏙 빠져나옵니다.

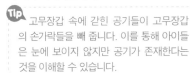 고무장갑 속에 갇힌 공기들이 고무장갑의 손가락들을 빼 줍니다. 이를 통해 아이들은 눈에 보이지 않지만 공기가 존재한다는 것을 이해할 수 있습니다.

Step 2: 비닐장갑 부풀리기

4 손가락이 안으로 들어가게 비닐장갑을 뒤집은 후, 손가락을 펴는 여러 가지 방법들을 생각해 보게 하세요. (예: 입으로 바람 넣기, 드라이기로 바람 넣기, 공기 주입기 사용하기 등)

5 뒤집힌 비닐장갑을 똑바로 세워서 물속에 넣어 보세요. 입구를 손으로 넓게 벌려 물에 수직으로 넣어 주세요.

6 입구를 꼭 쥐지 않아도 비닐장갑이 부풀면서 손가락들이 펴집니다.

Tip 장갑이 저절로 부풀어오르는 이유는 물이 공기가 다른 곳으로 도망가지 못하게 가두어 주기 때문입니다.

Step 3: 비닐장갑 닭 만들기

7 일회용 비닐장갑에 바람을 불어 넣은 후, 입구를 고무줄로 단단히 묶어 줍니다.

8 닭의 부리, 벼슬, 날개 등으로 장갑 닭을 꾸며 주세요. 엄지손가락이 닭의 머리에 해당해요.

바람의 힘을 느껴요! 풍선 공기총 놀이

우리 주변에 있는 공기는 가만히 있지 않아요. 멋대로 여러 방향으로 자유롭게 돌아다니지요.
이 공기를 모아 한꺼번에 순간적으로 내보내면 어떤 일이 벌어질까요?

놀이 목표

- 바람 에너지 체험
- 풍선의 탄성 관찰

교과 연계

- 에너지와 도구

준비물

- 500㎖ 페트병, 풍선, 가위,
  넓은 테이프, 색종이

이 놀이는요~

공기를 순간적으로 밀어 내어 센 바람을 만들어 보는 활동입니다. 센 바람은
일을 할 수 있는 에너지를 갖게 된다는 것도 경험할 수 있지요. 순간적으로
공기를 밀어 내려면 풍선처럼 탄성을 가진 재료를 활용하면 편리해요. 실험
전에 아이와 다양한 방법을 생각해 보는 것은 과학 뇌가 자라는 소중한 순
간이니 건너뛰지 마시고 꼭 아이와 함께해 주세요.

Step 1 : 바람 만들기

1. 색종이를 잘라 바닥에 쌓아 놓고 손을 대지 않고 움직이게 할 수 있는 방법을 생각해 봐요.

2. 입으로 불어서 색종이를 움직여 봅니다. 입으로 부는 것 이외에도 다양한 방법을 생각해 볼 수 있도록 도와주세요. 예) 손으로 바람 만들기, 부채로 부치기

3. 페트병을 이용해서 더 센 바람을 만들어 볼까요? 페트병 가운데를 순간적으로 세게 누르면 안에 있는 공기가 한꺼번에 몰려 나와 센 바람을 만들 수 있어요.

Step 2 : 풍선 공기총 만들기

4. 500ml 페트병을 반으로 자른 후, 입구 쪽을 자른 풍선을 페트병 위에 씌웁니다.

5. 4를 폭이 넓은 테이프로 고정시킵니다. 풍선을 잡아당겨야 하므로 단단히 고정시켜야 합니다.

6. 센 바람을 만들려면 어떻게 해야 할지 생각해 봐요. 풍선을 안쪽으로 순간적으로 눌렀을 때와 밖으로 잡아당겨 탁 하고 놓았을 때 바람의 세기가 어떻게 다른지 비교해 보세요.

7. 얼굴에 대고 풍선을 잡아당겼다 놓으며 바람의 세기를 느껴 봅니다.

실험 속 과학원리

풍선을 안쪽으로 누르는 것은 병 내부에 있는 공기가 그대로 밀려 나오는 것이지만, 풍선을 잡아당기면 공간이 넓어져 페트병 내부의 공기 양이 많아져요. 그때 풍선을 놓으면 한 순간에 공기가 좁은 입구로 밀려 나가게 되어 센 바람이 생기게 됩니다.

8. 풍선을 잡아당겼다 놓아서 공기총을 색종이 조각들에 대고 발사해 봐요. 종이를 누가 더 멀리 보낼 수 있는지 시합해 보세요.

풍선이야 고습도치야? 찔러도 터지지 않는 풍선

풍선에 뾰족한 바늘이 닿으면 어떻게 될까요? 뺑~ 하고 터진다고요? 그런데 뾰족뾰족한 가시를 꽂아도
터지지 않는 풍선이 있대요. 어떤 마술을 쓴 걸까요?

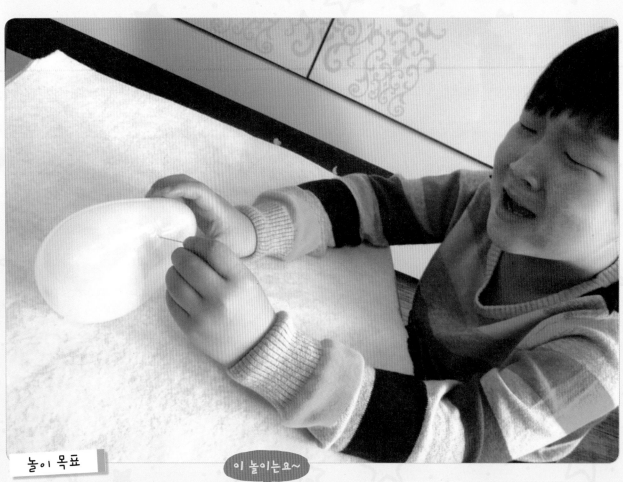

놀이 목표
· 고무의 탄성 알기

교과 연계
· 탐구, 어떻게 할까요?

준비물
· 풍선, 바늘, 꼬치막대,
  폭이 넓은 셀로판테이프

이 놀이는요~

풍선은 탄성이 좋은 고무로 만들어졌기 때문에, 바람을 넣으면 잘 늘어나고
바람이 빠지면 금방 원래 모습으로 돌아갑니다. 풍선을 크게 불면 풍선이 늘
어나면서 표면이 얇아지고 풍선의 색도 옅어져 조금은 투명해지기도 하지
요. 이때 바늘로 풍선을 찌르면 풍선이 펑! 하고 터져요. 하지만 셀로판테이
프를 미리 붙이고 바늘로 찌르면 터지려는 풍선의 표면을 꽉 잡아 주기 때
문에, 뾰족한 바늘로 찔러도 터지지 않게 됩니다.

1 풍선을 불어 보세요. 그리고 풍선의 변화
를 생각해 보게 하세요.

"풍선이 어떻게 변했을까?"
"아까는 납작했는데 지금은 공처럼 동그래졌
어요."

2 바늘로 풍선을 찌르면 어떻게 될지 이야
기 나눈 후, 찔러서 터뜨려 봐요. 또한 바
늘로 찌르는 것 외에 풍선을 터뜨릴 수 있는
다양한 방법에 대해 이야기를 나눠 봐요.
예) 풍선을 계속 불기, 풍선 깔고 앉기

Tip 풍선을 찌르면 풍선 안쪽의 공기가 작은 구멍으로 한꺼번에 밀
려 나오고 또 바람이 빠지는 풍선의 원래 크기로 돌아가려고 하는
힘이 동시에 작용하기 때문에 풍선이 뻥 하고 터지게 됩니다.

3 이번에는 크게 분 풍선에 셀로판테이프를
붙이세요. 두 겹으로 붙여도 좋아요.

바늘에 찢어져서
흰색으로 보임

4 테이프를 붙인 자리를 바늘로 찔러 보세
요. 신기하게도 풍선이 터지지 않습니다.
바늘을 빼고 풍선을 살펴보세요.

Tip 바늘을 꽂는 각도와 부푼 풍선의 크기에 의
해 바늘 구멍만 남아 있기도 하고, 바늘 구멍
주변이 찢어진 흔적을 관찰할 수도 있습니다.

5 셀로판테이프를 풍선에 붙이고 바늘보다
두꺼운 꼬치막대로도 도전해 보세요.

6 테이프를 붙이지 않고 바늘로 찔러도 풍
선이 터지지 않는 곳이 있대요! 어디인지
찾아보세요. ★ Hint: 고무풍선에서 탄성이 제일
작은 곳으로 풍선을 불었을 때 가장 늘어나지 않는
곳, 그래서 색이 가장 진한 곳입니다.

7 정답은 풍선 입구의 반대쪽이에요. 가운데
진한 부분을 바늘로 천천히 찔러 보세요.

Tip 다른 부분은 공기가 들어가서 고무가 늘
어난 만큼 빨리 수축하려고 하면서 터지지
만, 이 부분은 많이 늘어나지 않는 부분이어
서 터지지 않습니다.

8 바늘을 여러 개 꽂아 봅니다. 몇 개까지
가능한지 신기록에 도전해 봐도 좋겠죠?

빨대가 쏙쏙 꽂혀요! 사과 고슴도치

식사 시간이 되어서 요리하느라 바쁜데 아이들이 놀아 달라고 조를 때 참 난감하시죠? 이제 이럴 때는 냉장고 속 애플맨에게 도움을 요청해 보세요. 매끈하고 단단한 사과에 빨대만 꽂으면 고슴도치 변신 완료!

놀이 목표

• 공기의 힘과 압력

교과 연계

• 액체와 기체의 부피

준비물

• 사과, 굵기가 다른 빨대, 이쑤시개

이 놀이는요~

빨대는 누구든 손쉽게 구부릴 수 있을 만큼 약해 보이지요. 그러나 이 빨대 속에 들어 있는 공기를 가두어 둔다면 빨대는 사과를 뚫고 들어갈 수 있는 힘을 가지게 됩니다. 눈에 보이지 않는 공기의 힘을 관찰할 수 있는 놀이입니다.

1 매끈매끈한 사과 표면을 관찰해 봐요. 사과를 만져 본 후, 말로 설명해 봅니다.

"사과의 겉을 만져 보니 어때?"
"딱딱해요." "매끈매끈해요." "동그래요."

2 사과에 이쑤시개를 꽂아 보세요. 끝이 뾰족하고 단단한 이쑤시개는 잘 들어갑니다.

3 사과에 우유빨대를 꽂아 보세요. 뾰족한 쪽이랑 뭉툭한 쪽으로 각각 꽂아 봅니다. 이쑤시개와 우유빨대 중에 어느 것이 더 잘 들어가는지 확인해 보세요.

4 이번에는 두꺼운 음료수 빨대를 꽂아 봐요. 자꾸 구부러지고 잘 들어가지 않죠? 어떻게 하면 빨대를 사과에 꽂을 수 있을지 생각해 보고 시도해 주세요. ★ 빨대 끝을 꼭 누르거나 빨대가 구부러진 상태에서 꽂으면 꽂아집니다.

5 음료수 빨대의 끝을 손으로 막고 꽂아 봅니다. 잘 꽂아지죠? 잘 꽂아지는 이유를 생각해 봐요.

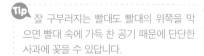
Tip 잘 구부러지는 빨대도 빨대의 위쪽을 막으면 빨대 속에 가득 찬 공기 때문에 단단한 사과에 꽂을 수 있답니다.

6 집에 있는 여러 가지 빨대들을 다 꽂아 보세요. 또 사과 대신에 배, 감자, 무, 고구마 등 집에 있는 다양한 재료들을 이용해 보세요.

이렇게도 놀아요

페트병 찌그러뜨리기

빈 페트병을 납작하게 찌그러뜨려 봐요. 페트병 속에는 눈에 보이지 않지만 공기가 가득 차 있고, 공기가 차 있으면 물체가 단단해진다는 사실을 알 수 있는 놀이입니다.

① 먼저 뚜껑을 닫은 채 페트병을 밟아 봅니다.
② 이번에는 뚜껑을 열고 밟아 봅니다.
③ 어떤 것이 잘 찌그러졌는지 비교해 보고, 그 이유도 생각해 봅니다.

한쪽 끝을 막은 빨대가 힘이 센 것도 바로 이 '공기' 때문이었다는 사실, 이제 잘 이해되셨죠?

공기의 원리로 놀아요 **종이인형의 바닷속 구경**

종이인형이 바닷속 세상을 구경하고 싶대요. 종이로 된 인형이라 물에 젖으면 망가질 텐데,
어떻게 하면 인형이 물에 젖지 않고 바닷속을 구경하고 올 수 있을까요?

놀이 목표

• 부피를 가진 공기

교과 연계

• 액체와 기체의 부피

준비물

• 스티로폼(얇은 것, 5×3cm),
  2L 페트병, 세숫대야

이 놀이는요~

페트병 속은 텅 비어 있는 것 같지만 사실 공기로 가득 차 있답니
다. 공기가 빠져나갈 곳이 없다면 공기가 차지하고 있는 공간으로는
물이 들어오지 못하지요. 공기가 일정한 부피를 가지고 있다는 것을
알고, 이를 응용해 보는 활동입니다.

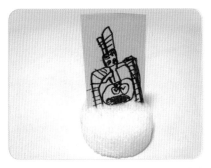

1 물속 구경을 할 종이인형을 그려 준비해 주세요. 준비된 스티로폼 조각에 살짝 칼집을 내 인형을 끼웁니다.

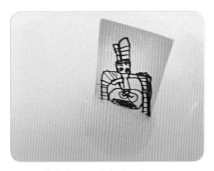

2 종이인형을 물 위에 띄우세요. ★ 세숫대야에 물감을 살짝 풀어 주시면 물의 움직임을 관찰하기 더 좋습니다.

세숫대야 물의 높이
페트병 바닥

3 아래쪽 1/3을 잘라 낸 페트병을 뚜껑을 닫은 채 인형 위로 덮어 씌우듯 물속으로 바닥까지 넣었다가, 천천히 위로 들어 올리고 종이인형을 꺼내 관찰해 보세요.

Tip 페트병 속 공기가 물을 밀어 내어, 페트병 속은 물이 차지 않고 세숫대야 바닥이 보입니다. 또한 종이인형도 바닥에 위치합니다. 종이인형이 젖지 않아요.

페트병 속 물의 높이
세숫대야 물의 높이

4 3번처럼 뚜껑을 닫고 인형과 함께 물속으로 밀어 넣어 보세요. 그 상태에서 병뚜껑을 열면 물이 밀려 들어오면서 인형이 위로 올라옵니다. 그 이유를 생각해 보세요.

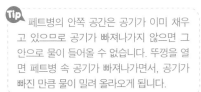

Tip 페트병의 안쪽 공간은 공기가 이미 채우고 있으므로 공기가 빠져나가지 않으면 그 안으로 물이 들어올 수 없습니다. 뚜껑을 열면 페트병 속 공기가 빠져나가면서, 공기가 빠진 만큼 물이 밀려 올라오게 됩니다.

5 처음부터 페트병 뚜껑을 열고 넣어 보세요. 인형이 잠수하지 않고 그 자리에 그대로 있습니다.

6 뚜껑 대신 작은 풍선을 끼우고, 페트병을 물속에 넣어 보세요. 병 속의 공기는 풍선으로 이동하여 풍선이 부풀고 병 속에는 물이 들어가 있음을 관찰할 수 있습니다.

Tip 풍선을 미리 몇 번 불어 늘여 놓으면 탄성이 줄어 실험이 더 잘됩니다. 또한 풍선을 손으로 살짝 세워 주어야 공기의 이동이 용이합니다.

이렇게도 놀아요

페트병으로 물 들어올리기

1/3을 잘라 낸 페트병을 뚜껑을 연 상태에서 물속에 넣었다가, 뚜껑을 닫고 천천히 들어올려 보세요. 페트병이 물 밖으로 나오기 전까지 페트병 속의 물이 떨어지지 않습니다.

하나 둘 셋 발사! 고무공 에어로켓

집집마다 한두 개씩 있는 작은 공으로 어떤 놀이를 할 수 있을까요? 바닥에 튕기기? 아니면 던지고 받기?
오늘은 집에 굴러다니는 볼풀공을 이용해 로켓을 쏘며 신나게 놀아 보기로 해요.

놀이 목표

• 공기의 힘 경험하기
• 공기로 물체 밀어 내기

교과 연계

• 여러 가지 기체

준비물

• 작은 공(볼풀공), 굵기가 다른
  빨대 2개, 로켓 그림

이 놀이는요~

보이지 않지만 우리 주변은 공기로 가득 차 있습니다. 이 놀이는 우리
주위에 공기가 있음을 알고, 공기의 힘을 경험해 보는 놀이입니다. 공기
는 가볍지만 공기를 모아 한꺼번에 내보내면 큰 힘을 발휘한답니다. 공
기에 대해 이야기할 때 기체, 액체, 고체라는 물질의 세 가지 상태에 대
해 설명해 줘도 좋습니다.

Step 1: 공 속의 공기 알기

1 **공 탐색하기** 공을 만져 보고, 눌러 보고, 바닥에 튕겨 보는 등 다양하게 탐색해 보며, 공 속에 무엇이 들어 있을까 생각해 보게 합니다.

2 공에 구멍을 뚫고, 얼굴이나 손에 대고 꾹 눌러서 바람이 나오는 것을 느껴 보세요.

"공을 누르니까 바람이 나오지? 그런데 공은 어떻게 되었지?"

"찌그러졌어요."

"공을 다시 펴려면 어떻게 해야 할까?"

3 준비된 빨대 중 가는 빨대를 5cm 길이로 자른 후 공의 구멍에 꽂으세요. 그리고 공기를 불어 넣어 공을 펴 보세요. 이때 공을 누르면 빨대로 공기가 나오게 됩니다.

Step 2: 에어로켓 만들기

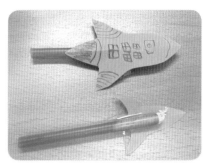

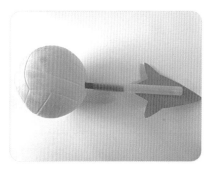

4 색종이를 로켓 모양으로 오린 후, 멋지게 꾸며 봅니다.

Tip 로켓이 너무 크면 잘 날아가지 않으므로 5cm 길이를 넘지 않도록 해 주세요.

5 준비된 빨대 중 굵은 빨대를 5cm 길이로 잘라 주세요. 빨대에 로켓 그림을 붙이고 로켓의 머리쪽 빨대 끝을 휴지로 막아 주세요.

6 볼풀공에 가는 빨대를 끼운 후 5의 로켓을 그 위에 끼워 주세요. 가는 빨대가 로켓의 발사대가 됩니다.

Tip 굵은 빨대를 공에 직접 끼워도 되지만, 가는 빨대로 발사대를 만들어 주면 로켓이 더 잘 날아갑니다.

천천히 누르는 것보다는 순간적으로 세게 눌러 주면 더 잘 날아갑니다.

7 에어로켓 발사! 공을 누르면 로켓이 발사됩니다. 세게도 누르고 약하게도 눌러 보면서, 로켓을 여러 가지 방법으로 발사해 보세요. 또한 로켓을 멀리 날아가게도 해 보고 높이 올라가게도 해 보세요.

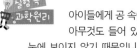

아이들에게 공 속에 무엇이 들어 있냐고 물으면 대부분 아무것도 들어 있지 않다고 대답합니다. 공기가 우리 눈에 보이지 않기 때문입니다. 우리 주위에 공기가 있음을 알게 해 주는 현상에 대해 묻고 대답해 봅니다. 바람개비가 돌아가거나 커다란 풍선 속에도 공기가 있다는 것을 알게 해 주세요.

손을 쓰면 안 돼요~ 컵 속의 공 꺼내기 대회

어린이 여러분, 우리 집에서 '컵 속의 공 꺼내기 대회'가 열린대요. 단, 공에 손을 대거나 컵을 뒤집는 건
안 된대요. 발로 꺼낸다고요? 몸이 닿으면 반칙! 자, 어떤 방법이 있을까요? 우승자에게는 뽀뽀 백 번!

놀이 목표

• 공기의 흐름과 압력 변화

교과 연계

• 탐구, 어떻게 할까요?

준비물

• 탁구공, 컵
  * 어린 연령일수록 종이컵이나
    작은 컵을 이용해 보세요.
    훨씬 꺼내기 쉽답니다.

이 놀이는요~

공기의 압력차를 이용하여 손을 대지 않고 컵 속의 공을 꺼내는 과학놀이입
니다. 컵 안에서 공을 꺼내기도 하고, 이 컵에서 저 컵으로 공을 옮길 수도
있어요. 공기의 흐름이 빠른 곳은 그렇지 않은 쪽에 비해 압력이 낮아지므로
컵 속의 공이 압력이 낮은 곳을 향해 움직이게 됩니다.

Step 1 : 다양한 방법으로 공 꺼내기

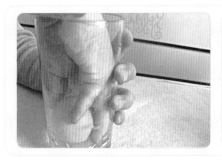  

1 컵 안에 들어 있는 공을 꺼내는 방법을 생각해 보아요. 손으로도 꺼내 보고, 컵을 뒤집어도 보고, 물을 부어도 좋아요.

"컵 속에 공이 들어 있네, 어떻게 꺼내야 할까?" "컵을 뒤집어요." "물을 부어요."

Tip 처음에는 아무 제약 없이 아이의 생각대로 해 보게 합니다. 필요한 도구를 스스로 챙겨서 실험할 수 있도록 도와주세요.

Step 2 : 바람으로 공 꺼내기

잘못된 예:
컵 입구의 중심에서 바람을 불면 떠오른 공이 입술에 닿기 때문에 공이 빠져나올 수 없습니다.

2 이번에는 손이나 도구를 사용하지 않고 입으로 바람을 불어 공을 꺼내 봅니다. 컵의 가장자리에 입술을 대고 컵의 위쪽에 바람을 짧고 세게 불어 주세요.

Step 3 : 컵에서 컵으로 공 옮기기

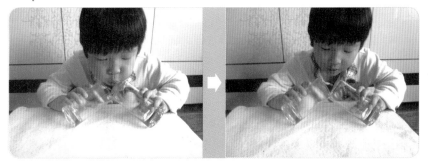 

3 컵에서 컵으로 공 옮기기 놀이도 해 봐요. 두 개의 컵을 비스듬히 하여 입구를 연결한 다음, 두 컵 사이(가운데)로 바람을 세게 불어 보세요. 탁구공이 다른 컵으로 옮겨 갑니다. 누가 더 많이 공을 옮길 수 있는지 시합해 보세요.

4 두 컵을 기울이지 않고 앞뒤로 나란히 세워 놓은 후, 앞의 컵 위쪽에 바람을 세게 불어 보세요. 탁구공이 뒤쪽 컵으로 넘어갑니다.

요구르트병이 내 얼굴에? # 혹부리영감 얼굴 만들기

이상한 도깨비 나라의 도깨비는 머리에 뿔이 뾰족뾰족 나고 얼굴은 울퉁불퉁하다지요?
빈 요구르트병을 이용하여 도깨비들도 깜짝 놀랄 얼굴로 변신해 보세요.

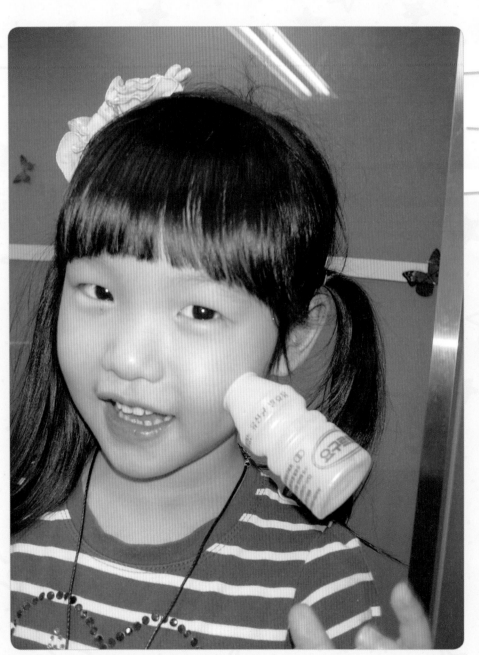

놀이 목표

• 온도에 따른 공기의 부피 변화

교과 연계

• 열 전달과 우리 생활

준비물

• 요구르트병, 뜨거운 물,
  차가운 물, 집게, 그릇,
  풍선, 유리병(컵)

이 놀이는요~

음식이 뜨거울 때 도시락 뚜껑을 닫으면 나중에 잘 열리지 않죠? 여러분 그 이유가 무엇인지 알고 있나요? 온도에 따라 기체의 부피가 변하기 때문이랍니다. '온도에 따른 기체의 부피 변화'는 초등학교 과학 단원 중 '여러 가지 기체'에서 배우게 됩니다.

뜨거운 물에 담그기 어려우면 물을 병에 부었다가 따라 낸 후 손바닥에 붙여도 돼요.

1 요구르트병을 관찰하면서 병을 손바닥에 붙여 보게 하세요. 붙이려면 무엇이 필요할지 물어보고, 실행해 보세요.
예) 테이프 사용하기

"요구르트병을 손바닥에 붙이려면 어떻게 하면 좋을까?"

2 차가운 물에 요구르트병을 담갔다 빼서 병 입구를 손바닥으로 막아 보세요. 병이 손에 붙나요? ★ 병이 차가우면 붙지 않아요.

3 뜨거운 물에 요구르트병을 잠시 담갔다 뺀 후, 입구를 손바닥으로 막아 보세요. 병이 손에 붙습니다. 아이에게 어떤 느낌이 드는지 질문해 보세요.

"병이 따뜻해요. 요구르트병 속으로 살이 들어가는 것 같아요."

실험 속 과학원리

요구르트병이 붙는 이유

뜨거운 공기는 움직임이 활발해 부피가 팽창하고 차가운 공기는 움직임이 둔해져서 부피가 감소합니다. 뜨거웠던 병 입구를 손으로 막으면 이후 병 속의 공기가 식으면서 공기의 부피가 줄어들게 되고 피부가 병 속으로 빨려 들어가게 됩니다.

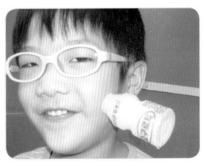

4 뜨거운 물에 담갔다 뺀 요구르트병을 얼굴, 이마, 팔 등 붙이고 싶은 곳에 자유롭게 붙여 보세요. 붙였다 뗀 자리에 혹이 생겨요.

Tip 너무 뜨거운 상태로 갖다 대면 피부가 과도하게 빨려 들어갈 수도 있습니다. 또한 너무 긴 시간 동안 붙이고 있으면 자국이 오래 남을 수 있으니 주의하세요.

5 볼에 붙이면 혹부리 영감이 되고, 이마에 붙이면 도깨비가 되네요. 이마에 붙여 도깨비가 된 후 관련된 전래동화를 읽어 주면 더욱 흥미로워집니다.

6 이번에는 피부 대신 풍선을 이용해 보기로 해요. 풍선이 무거운 유리병이나 컵을 들어올릴 수 있을지 예상해 보게 하세요.

7 병을 뜨거운 물에 담았다 꺼낸 후 입구에 풍선을 올려놓으면 풍선이 안으로 빨려 들어갑니다. 무거운 유리병도 문제 없이 척척 들어올리네요.

Tip 투명 유리병이나 컵으로 실험하면 빨려 들어간 풍선의 모양을 관찰할 수 있어 좋습니다.

어느 생쥐가 빠를까? 생쥐마을 달리기 대회

생쥐마을에서 달리기 대회가 열린대요. 수많은 경쟁자를 제치고 두 마리가 결승전에서 시합을 하게 되었어요.
꼬리가 쭉 뻗은 생쥐와 꼬불꼬불한 생쥐, 두 선수 중 어떤 생쥐가 더 빠를까요?

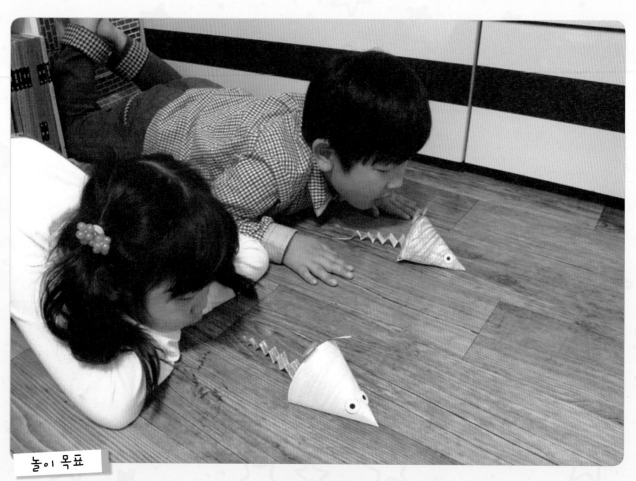

놀이 목표

- 공기를 잘 뚫고 가는 모양 탐색
- 균형 잡는 생쥐의 꼬리

교과 연계

- 탐구, 어떻게 할까요?

준비물

- 생쥐 도안(권말 부록), 가위, 풀,
  색연필, 풍선, 공기주입기

이 놀이는요~

공기의 힘으로 쌩 달려 나가는 생쥐를 만들어 시합을 해 볼 수
있어요. 생쥐를 만드는 각 단계마다 생쥐의 습성과 특징을 이야
기해 주세요. 활동 전 또는 활동 후에 생쥐와 관련된 동화를 읽
는다면 활동에 대한 이해나 관심을 더 확장할 수 있답니다.

Step 1: 생쥐 만들기

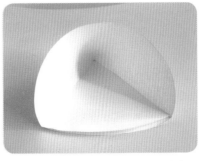

> **Tip** 야행성 동물인 쥐는 주로 밤에 움직이기 때문에 앞을 잘 볼 수 없답니다. 이때 쥐의 수염이 곤충의 더듬이 역할을 한답니다.

1. 부록에 있는 생쥐 본을 오려 주세요. 긴 삼각형은 둘 다 꼬리입니다.

2. 반원을 고깔 모양으로 양쪽 점선면이 포개지게 붙여 몸통을 완성합니다.

3. 눈과 귀를 붙여 주고, 콧수염도 그려 주세요. 아직 꼬리는 붙이지 않습니다.

Step 2: 생쥐 달리기

> 고깔의 중심 부분을 불어야 잘 나가요. 아이가 어린 경우 빨대를 사용하면 중심을 잘 맞출 수 있어요.

> 꼬리가 짧은 쪽보다는 긴 쪽이 직선으로 잘 나아갑니다.

4. 손을 안 대고 생쥐를 움직이게 하려면 어떻게 해야 하는지 생각해 보아요. 그리고 생쥐의 몸통 부분을 입으로 불어 부세요.

> **Tip** 쥐가 앞으로 직진하지 않고 옆으로 돌죠? 아직 꼬리를 붙이지 않아서 그래요.

5. 꼬리를 달고 불어 볼 차례입니다. 짧은 꼬리와 긴 꼬리를 번갈아 붙이고 불어 봅니다.

> **Tip** 동물의 꼬리는 균형을 잡는 역할을 합니다. 생쥐는 높은 곳을 쪼르르 달려가도 꼬리가 있어서 중심을 잘 잡고 달릴 수 있답니다.

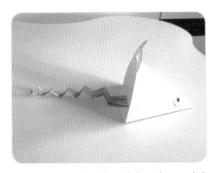

6. 이번에는 긴 꼬리를 계단 모양으로 접어 붙인 후 불어 봅니다. 일자로 쭉 뻗은 꼬리와 구불구불한 꼬리 중 어떤 꼬리가 더 똑바로, 더 멀리 가나요?

> **Tip** 계단 모양으로 접은 꼬리가 마찰이 적어 조금 더 멀리 가게 됩니다.

7. 입으로 부는 방법 말고 다른 방법으로 생쥐를 움직이게 해 보세요. 풍선으로 생쥐를 움직여 볼까요?

8. 풍선에 바람 넣는 공기주입기나 부채 등을 이용해 생쥐를 움직여 봐도 좋아요.

양력놀이
6세 이상

한자리에 떠 있어요 스티로폼 공 띄우기

빨대로 바람을 불어 스티로폼 공을 공중에 띄웠어요. 그런데 공이 다른 곳으로 떨어지지 않고
계속에서 공중에서 춤을 추고 있네요. 눈에 보이지 않는 보호막이라도 있는 걸까요?

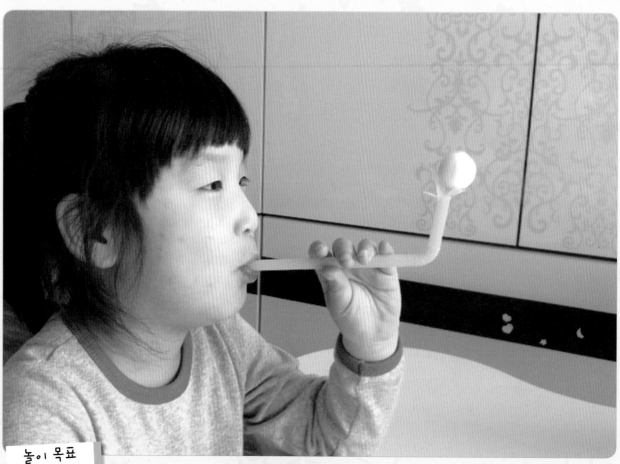

놀이 목표

• 공기의 흐름과 압력 변화

교과 연계

• 탐구, 어떻게 할까요?

준비물

• 주름빨대, 가위,
  스티로폼 공, 탁구공

이 놀이는요~

스티로폼 공 띄우기는 '베르누이의 원리'(115쪽 '실험 속 과학원리' 참조)가 적용
되는 실험인데 아이들이 정말 좋아하는 인기 실험입니다. 빨대로 바람을 불
면 공이 멀리 날아가 버릴 것 같은데 아슬아슬 공중에 떠 있는 것이 신기하
기 때문이죠. 아이가 어리다면 원리 설명보다 호기심 자극에 중점을 두세요.
초등학교 고학년 형제가 있다면 '베르누이의 원리'를 설명해 주셔도 좋아요.

Step 1 : 스티로폼 공 띄우기

1 주름빨대의 끝을 8등분으로 잘라요.

2 빨대 위에 공을 올려놓고, 약한 바람으로 되도록 일정하고 길게 후~ 하고 불어 보세요. 공이 빨대 위에서 춤을 춥게 됩니다.
★ 바람을 너무 세게 불면 공이 날아가 버릴 수 있으니 주의하세요.

Tip 공은 공기의 흐름이 빠른 쪽으로 휘어져서 진행합니다. 스티로폼 공이 공중에 떠 있는 이유는 공을 둘러싼 주변의 공기 흐름이 균일하게 빠른 경우, 공은 어느 한쪽으로 떨어지지 않기 때문입니다.

Step 2 : 큰 공 띄우기

3 탁구공이나 탁구공보다 큰 공은 입으로 불어서 띄우기 어려우므로 헤어드라이기를 이용하면 쉽게 띄울 수 있습니다. ★ 헤어드라이기 앞쪽의 납작한 노즐은 빼고 실험하셔야 합니다.

4 이때 헤어드라이기를 앞으로 기울여도 공이 떨어지지 않고 헤어드라이기에서 나오는 바람의 방향에 떠 있게 됩니다.

Step 3 : 베르누이 원리 탐구하기

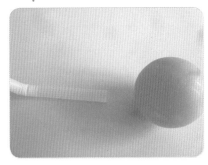

5 탁구공을 이용하여 바람이 부는 위치에 따라 공이 어떻게 움직이는지 실험해 보세요. 먼저 빨대로 공의 가운데를 불어 봐요. 가운데를 불면 공이 앞으로 직진합니다.

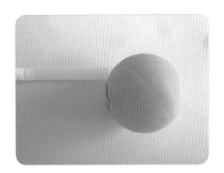

6 빨대로 공의 왼쪽을 불어 보세요. 공이 왼쪽으로 휘어져서 진행합니다.

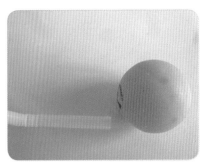

7 빨대로 공의 오른쪽을 불어 보세요. 공이 오른쪽으로 휘어져서 진행합니다.

흠~ 하~ 숨을 쉬어요 ## 페트병 허파 만들기

우리가 쉬거나 자고 있을 때도 우리의 몸은 쉴새 없이 일을 하고 있어요. 그 중에서도 절대 쉬면 안 되는 일이 있죠? 바로 숨을 쉬는 일이랍니다. 우리 몸에서 숨을 쉴 때 사용하는 기관에 대해 알아보기로 해요.

놀이 목표

• 우리의 몸 알기
• 허파 구조와 역할 알기

교과 연계

• 우리 몸

준비물

• 풍선(큰 것, 작은 것), 500ml 페트병, 셀로판테이프, 종이, 색연필

이 놀이는요~

숨을 쉴 때 필요한 기관을 알아보고, 그 움직임을 탐구해 보는 활동입니다. 우리가 숨을 쉴 때마다 가슴이나 배가 움직이는 이유와 숨을 쉴 때 사용하는 기관의 이름을 알아봐요.

Step 1 : 허파 만들기

1 다른 사람의 몸에 귀를 대 보고 어떤 소리가 나는지 들어 보세요. 숨을 크게 들이쉬고 내쉬며 숨쉬는 소리를 집중해서 들어 봐요.

"숨을 크게 들이마시고, 내뱉어 보자. 한번은 배로 숨을 쉬어 보고."

종이컵이나 휴지심을 귀에 대고 들으면 더 잘 들린답니다.

2 500ml 페트병의 아랫부분을 잘라 준비합니다.

3 페트병 안으로 작은 풍선을 넣고 풍선 주둥이를 뒤집어서 병의 입구에 씌워 주세요.

★ 작은 풍선을 하트 모양 풍선으로 준비하면, 좌우로 나뉘어져 있는 폐의 모양에 대해서도 아이와 이야기 나눌 수 있어 좋아요.

4 다른 풍선의 입구를 잘라서 3의 페트병의 아랫부분을 감싼 후, 셀로판테이프로 단단히 고정시켜요.

5 사진과 같은 모양이 완성되었나요? 입구쪽의 작은 풍선은 허파 역할을 하고, 아랫쪽의 풍선은 횡격막 역할을 하게 됩니다.

6 아이에게 자신의 모습을 그리게 한 후, 병 뒤쪽에 붙여 보세요.

★ 몸통의 길이와 병의 길이를 맞춰 만들면 좋아요.

Step 2 : 허파의 움직임 관찰하기

아하! 그렇군요

7 아래쪽 풍선(횡격막)을 잡아당기면 입구의 작은 풍선은 어떻게 될지 예측해 봅니다. 그리고 당겨 보세요.

Tip 아래쪽 풍선을 잡아당기면 작은 풍선 속으로 공기가 들어오면서 풍선이 부풀어 오릅니다.

8 아래쪽 풍선(횡격막)을 안으로 밀면 작은 풍선은 어떻게 될지 예측해 봅니다. 그리고 손가락을 이용해 풍선을 안으로 밀어 보세요.

Tip 아래쪽 풍선을 누르면 작은 풍선이 쪼그라들고, 더 많이 누르면 작은 풍선이 밖으로 밀려 나오는 모습을 볼 수 있습니다.

허파와 횡격막
허파는 심장처럼 부풀었다 오므라드는 근육이 없기 때문에 횡격막이 위아래로 움직이면서 허파를 부풀었다 줄어들게 하여 숨을 쉴 수 있게 도와줍니다.
숨을 들이마시면 우리 몸 속의 횡격막이 아래로 내려가면서 허파가 부풀고, 숨을 내쉬면 횡격막이 위로 올라가면서 허파가 줄어들게 됩니다.

후~ 후~ 안 꺼져요! 끌 수 없는 촛불

생일 축하합니다~ 후, 후~ 촛불도 불어 껐나요? 그런데 '마법의 도구'가 있으면 아무리 입으로 바람을 불어도 촛불이 꺼지지 않는대요. 이 도구는 무엇일까요?

놀이 목표

• 공기 모으기, 가르기
• 물체 모양에 따른 공기의 움직임

교과 연계

• 여러 가지 기체

준비물

• 양초, 종이컵, 깔때기, 라이터,
  둥근 페트병, 삼각기둥, 직사각형 모형
  (예: 과자상자)

이 놀이는요~

공기는 물처럼 물체의 표면을 따라 흐르는 성질이 있습니다. 이러한 공기의 흐름을 이용한 과학놀이입니다. 간단한 실험이지만 아이들은 마술처럼 신기해한답니다.

1 여러 가지 방법으로 촛불을 꺼 보세요. 입으로 부는 것 외에 손뼉, 부채, 컵 덮어 씌우기 등 다양한 방법으로 불을 끌 수 있겠죠?

"이 촛불을 꺼 보자, 어떻게 끄면 좋을까?"
"입김을 불어 볼래요."

2 이번에는 촛불이 꺼지지 않도록 바람을 막아 줄 물체를 생각해 봅니다. 원기둥, 사각기둥, 삼각기둥 모양의 물건들을 모아 어떤 것으로 막으면 좋을지 아이가 골라 보게 합니다.

3 **원기둥에 불기** 아이와 촛불 사이에 원기둥의 물체(예: 둥근 페트병)를 놓고 입으로 바람을 불어 촛불이 꺼지는지 관찰합니다.

Tip 둥근 옆면을 타고 불꽃 앞에서 바람이 다시 모이게 되어 불이 꺼집니다.

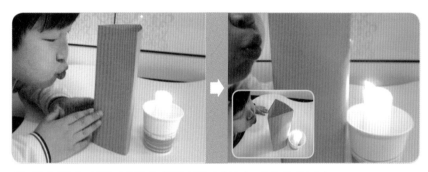

4 **사각기둥에 불기** 아이와 촛불 사이에 사각기둥의 물체를 놓고 입으로 바람을 불어 촛불이 꺼지는지 관찰합니다. ★옆면을 타고 바람이 직진하여 불이 안 꺼집니다.

5 **삼각기둥의 뾰족한 면에 불기** 바람을 불면서 촛불의 모양을 살펴봅니다.
삼각기둥의 평평한 면에 불기 바람을 불면서 촛불의 모양을 살펴봅니다.

Tip 삼각기둥의 뾰족한 모서리를 입 쪽에 대고 불면 촛불이 꺼지지 않고, 평평한 면을 입 쪽으로 하고 바람을 불면 삼각기둥 앞쪽에 소용돌이가 생겨 불꽃이 기둥 쪽으로 쏠리는 것을 볼 수 있습니다.

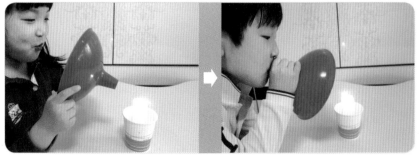

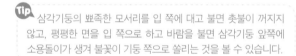

Tip 실험 전에 어느 쪽으로 바람을 불면 촛불이 안 꺼질지 아이가 생각해 볼 시간을 주면 좋아요. 깔때기가 없을 경우 책받침이나 종이로 원뿔을 만들어 사용하면 됩니다.

6 **깔때기의 넓은 쪽에 대고 불기** 바람을 불어 촛불이 꺼지는지 확인합니다.
깔때기의 좁은 쪽에 대고 불기 바람을 불어 촛불이 꺼지는지 확인합니다.

"깔때기의 어느 쪽으로 바람을 불면 촛불이 안 꺼질까?"

권말
부록

CD를 잘라
붙이세요.

빛이 들어가는 곳
↓

보는 곳

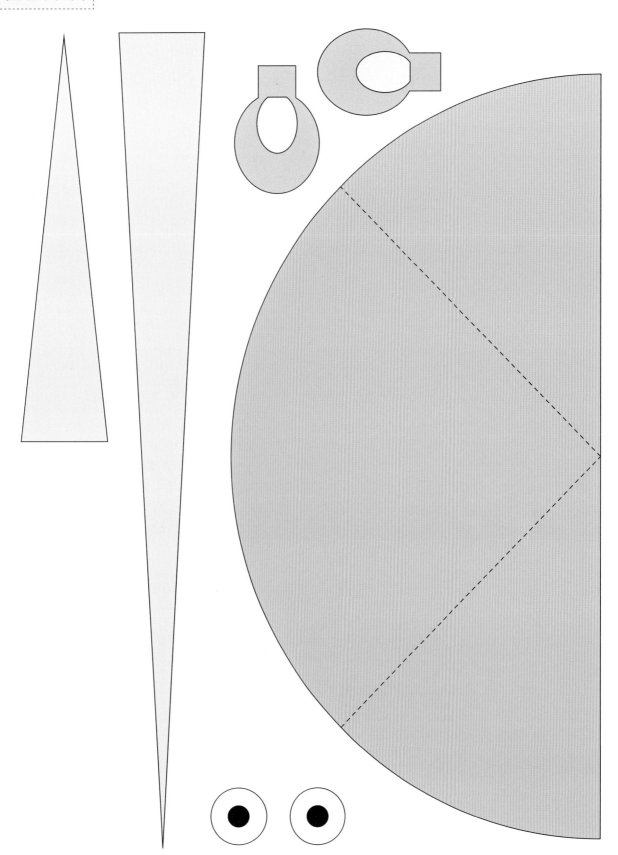